国家智库报告 2015（31）
National Think Tank

国 家 治 理

中央、地方事权关系研究报告

韩旭 涂锋 著

RESEARCH REPORT ON AUTHORITY RELATIONSHIP
BETWEEN CENTRAL AND LOCAL GOVERNMENTS

中国社会科学出版社

图书在版编目(CIP)数据

中央、地方事权关系研究报告/韩旭,涂锋著.—北京:中国社会科学出版社,2015.12

(国家智库报告)

ISBN 978 – 7 – 5161 – 7329 – 9

Ⅰ.①中… Ⅱ.①韩…②涂… Ⅲ.中央与地方的关系—研究报告—中国—现代 Ⅳ.①D63

中国版本图书馆 CIP 数据核字(2015)第 288803 号

出 版 人	赵剑英
责任编辑	王 茵
特约编辑	王 称
责任校对	石春梅
责任印制	李寡寡

出 版	中国社会科学出版社
社 址	北京鼓楼西大街甲 158 号
邮 编	100720
网 址	http://www.csspw.cn
发 行 部	010 – 84083685
门 市 部	010 – 84029450
经 销	新华书店及其他书店

印刷装订	北京君升印刷有限公司
版 次	2015 年 12 月第 1 版
印 次	2015 年 12 月第 1 次印刷

开 本	787×1092 1/16
印 张	6.5
插 页	2
字 数	56 千字
定 价	26.00 元

凡购买中国社会科学出版社图书,如有质量问题请与本社营销中心联系调换
电话:010 – 84083683

摘要：本研究的主题是中央、地方之间的事权关系。自党的十八大以来，中央对中央、地方关系提出了进一步的改革要求，也逐步出台了一系列具体的改革举措。我们将本研究主题置于这一背景之下展开，通过围绕理论、历史、现状等专题方面的研究，最终落实在为接下来的央地事权改革提出一些具体的建议。从理论角度来说，事权是一个很具现实性的概念。尤其是在中国的政治实践背景下，事权的具体内涵又与财权、支出责任等概念同步发展。从政治学的分析角度，央地事权关系的重点则在于政府职权的确定和划分，政策的运行流程，以及权力运行及其监督等方面。从历史角度来说，央地事权关系的发展历经新中国建立、国家建设、改革开放等各个重要的历史阶段。在这些不同阶段，事权关系的变化则呈现为一个国家治理目标与相关政策工具逐渐调整、完善和优化的发展进程。我们从这一历史发展中的收获是，事权关系的内涵不断充实和丰富，其调整时机总是围绕国家治理目标的重大转换。此外，事权的调整方式通常采取渐进叠加的方式，同时借助一些重要的事件窗口。在现状分析方面，我们的主要发现是，除了部分相对清晰的、由一方单独行使的事权之外，更多的事权是由央地双方共同行使，并体现在权力运行流程之中。也就是说，事权关系主要取决于在特定权力运行过程中，中央和地方之间的分工协作关系。因此，我们的分析主要集中于确认不同类型的权力运行方式，以及由此所形成的"分级管理"和"过程分工"等不同的事权关系模式。我们对当前事权中所存在的问题，也是基于权力的内在结构和运行流程来加以阐述的。在改革建议方面，我们也是按照事权现状的不同分类，分别针对专有和共有事权提出不同的原则和目标。在具体的方案上，我们建议按照规范化的方式建立起两项制度，即事权分级管理制度，以及事权出台的事前审查制度。进一步地，从改革的中期目标来说，我们认为需要建立起"地方执行部门、中央业务决策部门和中央综合监督部门"的三层框架。在此基础上，逐步完善优化中央、地方之间的事权关系，以充分实现事权规范化与法治化的目标。

Abstract: The subject of this research is authority relationship between central and local governments. Since the 18th National Congress of the Communist Party of China, the Central Committee has proposed further reform on central-local relationship and put forward specific reform initiatives. This research is developed in this context. It consists of part of the theory, history and status quo concerning this subject. In the end, it comes up with some concrete suggestions for the coming reform. On the theory part, the concept of authority shall be explored around the political practice. Particularly in China, the concept of authority was developed with other concepts such as financial power and expenditure responsibilities. From the perspective of political analysis, the emphases of the central-local authority relationship involve the definition and distribution of the governmental powers, the policy process and the exercise and supervision of the power. On the history part, the development of the central-local authority relationship covers different historical stages including the early years of the New China, state building years, the era of reform and opening up. The change of authority relationship is characteristic of the improvement of state governance objectives and related policy instruments. We learn from the history about the change of the authority relationship. Its inherent meaning has been enriched. The timing of its change always accompanied with the transition of the state governance objectives. Incremental progress and time window concerning major events are two features in regards to the change of authority relationship. On the part of status quo of authority relationship, our main conclusion is that most authorities are exercised jointly by central and local governments. In other words, authority relationship depends mainly on division and cooperation between central and local governments concerning specific power process. Based on this analysis, we focus on different power exercise types and propose two modes: hierarchical management mode and division of process mode. We also exposit the problems concerning this subject based on the analysis of the inner structure and operational process of the authorities. On the reform suggestions, we put forward advices for different authorities. Specifically, we proposed two institutional designs including one hierarchical management system and one prior review system. In the longer term, we recommend a three-level framework to be established which including "local implementing units, central administrative decision units and central comprehensive supervision unites". This framework is the basis for the improvement and optimizing of the authority relationship between central and local governments.

目　录

一 关于"事权"研究的若干理论问题

中央与地方关系问题历来是政治学、法学、经济学和财政学等研究领域中一个非常重要的问题。中央与地方关系处理是否得当，将直接影响到整个国家经济的发展、政局的稳定以及社会的和谐。因此，世界上除了少数规模很小的国家之外，中央与地方关系问题是绝大部分国家都必须面对和解决的重要现实问题。

十八大报告明确地将"健全中央和地方财力与事权相匹配的体制"作为全面深化经济体制改革的一项重要内容，继而十八届三中全会进一步明确提出"建立事权和支出责任相适应的制度"。一方面，关于如何建立健全事权与支出责任（财力）相匹配的体制，已成为一个重要的学术研究热点；另一方面，围绕"事权"的研究也渐趋热络。而有关所谓"事权"的研究，基本上都是从建立健全事权与支出责任（财力）相匹配的体制这个意义上展开的，也就是说，都是将"事权"以及各级政府间事权划分问题，作为中央与地方关系问题的一项内容或者一个方面来探讨的。

（一）"事权"的定义及我国政府事权划分的现状

所谓事权，从字面上可以理解为处理某个或者某些方面事务的权力。目前党和政府文件所使用的并为学术界所关注和讨论的"事权"这个概念，自始就是指"政府事权"。因此，所谓事权，简言之，就是指政府（或其有关部门）处理某个或者某些方面事务的职权。

尽管看起来"事权"目前已经是个通用的概念，但对其含义很少进行理论上的辨析，在经济学和政治学的国际文献中也缺乏对应词汇。一般来讲，当述及政治统治和政府强制时，多使用"政府权力"；当论及财政活动和政府公共收支时，多使用"支出责任"。国内很多研究文献特别是经济学（财政学）方面的文献虽然会就事权问题展开一些讨论，但实际上往往只注重观察支出责任这一维度。这可能与我国到目前为止还没有明确划分事权的规则有关，也可能与各学科关注焦点不同有关。例如，文政在其著作《中央与地方事权划分》中讨论的核心问题，就是中央与地方的财政关系。只不过他认为，以往对于央地财政关系的关注重点是放在"收入"一端，而今从世界范围内来看，关注的重点应转向"支出"一端。而他在该书中讨论的所谓"事权"就是指"支出事权"。[①]还有些学者则强调，政府事权指一级政府所拥有的从事一定社会、经济事务的责任与权力，是责任与权力的统一，仅仅强调某一方面是片面的。[②]宋卫刚认为，政府事权就是依据政府职能产生的、通过法律授予的、管理国家具体事务的权力。[③] 李齐云认为，所谓政府事权，是指政府在从事公共事务中所应当承担的职责以及相应具有的公共管理的权力。政府事权源于政府职责，就是说，各级政府的事权是由其政府职能和职责所决定的。在市场经济体制下，政府的主要职责就是提供公共服务（广义上的公共服务，即公共产品），因此，从本质上说，政府事权就是政府提供公共服务（公共产

---

① 参见文政《中央与地方事权划分》，中国经济出版社 2008 年版，第 5 页。

② 刘培峰：《事权、财权和地方政府市政建设债券的发行——城市化进程中一种可行的融资渠道》，《学海》2002 年第 6 期；王国清、吕伟：《事权、财权、财力的界定及相互关系》，《财经科学》2000 年第 4 期。

③ 宋卫刚：《政府间事权划分的概念辨析及理论分析》，《经济研究参考》2003 年第 27 期。

品）的职责。①

中国目前拥有世界上层级最多的政府体系，包括中央、省（自治区、直辖市）、地区（地级市、自治州）、县（县级市）和乡（镇）共 5 级，各级政府事权目前缺乏明确而正式的划分。宪法在原则上对中央和地方政府职责范围作出了规定，但实际上各级政府间并没有明显区别，除了少数事权如外交、国防等专属中央政府外，地方政府拥有的事权几乎全是中央政府的翻版。②

目前我国学界中对中央与地方事权划分的问题研究主要集中于两大类：一类是从政治学、行政学和法学的角度进行研究，研究成果多体现在中央政府与地方政府权力划分的原则上、权力划分的主要内容以及关于处理中央与地方关系的具体方法和路径选择，这些已有的研究成果为我们研究央地事权划分提供了良好的基础。第二类研究成果主要体现在公共财政学和税制研究方面，尤其是在 1994 年我国实行分税制改革之后，该类研究成果大量涌现，其中涉及财政分权与经济发展的关系、财

---

① 参见李齐云《建立健全与事权相匹配的财税体制研究》，中国财政经济出版社 2013 年版，第 8—9 页。

② 冯兴元：《我国各级政府公共服务事权划分的研究》，《经济研究参考》2005 年第 26 期。

政分权理论评述、分税制中事权划分及相关问题、公共财政体制下政府职能界定和事权划分以及如何完善我国财政分权体制等问题。

（二）　对现阶段我国政府事权划分存在的突出问题的探讨

当前我国学界对于我国央地事权划分中凸显的问题研究较多，主要集中于以下几个方面：首先是政府间事权划分缺乏法律依据，从而也缺乏有效的法律约束；其次，中央与地方政府间纵向事权划分不明确、不清晰，引发政府职能的越位、缺位、错位并存；第三，中央和地方政府事权和财权不匹配，加重了基层财政负担；[①] 第四，央地事权划分缺少一个包括纵向和横向两个方面考虑的制度性架构，[②] 这一点其实也可以理解为缺乏法律的明确规定，在实际操作中缺乏清晰的标准和依据。

---

① 许淑萍：《我国政府间事权划分的原则及法治化路径》，《华中师范大学学报（人文社会科学版）》2014 年第 S6 期。郑培：《新时期完善我国政府间事权划分的基本构想及对策建议》，《地方财政研究》2012 年第 5 期。

② 燕继荣、谭峰：《转型期央地权力分配难题待解》，《甘肃理论学刊》2014 年第 1 期。

此外，也有学者认为在实践过程中要想在同时符合经济效率与行政效率的前提下，明确政府间的事权几乎是不可能的，即使可以划分出来，其成本也是高不可攀的。原因主要有以下几个方面：其一，有些公共商品的性质本身难以确定；其二，全国统一性与具体地域差异性的矛盾也使事权难以明晰；其三，中央与地方政府出于对本级利益的考虑，并没有足够的动力去明晰事权。[1]当然，这并不能否定明确事权划分的意义。

（三）关于我国事权划分不清的原因的讨论

我们目前可以达成的一个共识就是，我国政府间事权划分还很不清晰。根本原因在于，人们往往习惯于从功利角度在操作层面上去解决这个问题，但实际上这是一个权力的规范配置和保障的问题，只有从制度层面上而不是简单从权力角度才能妥当地解决这个问题。[2]还有一些学者从实际操作层面分析政府间事权难以划分的原因，总结起来有如下几点：其一，在事权归属上划分不

① 江孝感、吴大勤、冯勤超：《政府间事权划分思路研究》，《东南大学学报（哲学社会科学版）》2006 年第 3 期。

② 朱丘祥：《分税与宪政：中央与地方财政分权的价值与逻辑》，知识产权出版社 2008 年版。

清，这种表现多见于兼有全国性与地方性公共商品特征的公共物品的提供；其二，本来已经划分清楚，但在实际执行过程中变样，比如国防和外交本来是中央政府的事务，但部队和武警的部分经费却由地方负责；其三，部分事权划分不科学，比如我国基础教育费用支出的管理权下放得过低，使部分基础教育难以得到保证，也不利于基础教育的顺利开展和进行。

（四）央地事权划分的路径选择

目前我国事权划分的确存在很多漏洞，对于如何解决各种问题，许多学者，包括政治学界、行政学界、法学界、财政学界等的学者们纷纷对如何处理事权划分建言献策，提出既包括理论上的原则性建议，也包括具有可操作性的具体方法，以及事权划分的内容，对我们的研究给予了很大帮助。

1. 关于事权划分原则的讨论

总的来说，处理央地事权划分的理论原则就是，中央政府只需负责全国性公共事务和外部性较大以及具有规模经济效应的地方公共事务；明显属于地方性公共事务的事项，或者产生地方外部性的事项，由地方政府来推进改革就可以了。[①] 鲁敏从分权与放权的视角，认为对于当代中国而言，无论从历史传统还是现实矛盾来看，较为理性的选择还是将权力适度集中在中央层面，不宜采取地方自治程度较高的政治性分权，而应当采用中央权力较为集中的行政性分权，并且政治性权力应当以统为主，社会管理性权力以分为主。[②]

另外，学者们也提到，应积极发挥中央和地方两个积极性，包括推动经济发展、提高经济效率的积极性，还包括推动社会发展和实现公平正义的积极性；遵循责权对称的原则，包括中央的权力与其承担的国家责任相对应、地方的权力与其承担的地方责任相对应、中央权力与地方权力要对称、中央责任与地方责任要对称；[③] 还有因地制宜、统筹协调原则等。

郑培从国外经验入手，分析了联邦制国家（美国）和单一制国家（日本）是如何对本国政府进行事权划分

---

① 张文魁：《央地关系改革的合理方向》，《探索与争鸣》2015 年第 2 期；江孝感、吴大勤、冯勤超：《政府间事权划分思路研究》，《东南大学学报（哲学社会科学版）》2006 年第 3 期。

② 鲁敏：《从行政性放权到制度化分权：中央与地方权力关系改革趋势分析》，《理论导刊》2015 年第 2 期。

③ 辛向阳：《进言中央与地方的事权划分》，《人民论坛》2010 年第 20 期。

的，发现它们有一些共同特点可供我国参考和借鉴：除了事权法治化以外，美国和日本在事权划分中都将民生作为重要支出项目；通过完善的财政转移支付体系，实现事权和财权的匹配，较好地实现了中央政府的经济调控意图，保障了地方政府财政的运行。但郑培也指出，我国的事权划分还是要考虑我国政治体制和经济体制的独特性，不能盲目学习国外经验。①

2. 关于事权划分方法的探讨

关于如何明确中央与地方事权划分，学者们提到最多的方法就是法治推进法，即在法律架构中明确中央事权、地方事权、央地共享事权以及事权遗漏的处置等，在适当条件下制定《中央与地方关系法》，并要求中央与地方政府均必须严格遵守与执行。只有在法律的强制性规范下，中央与地方关系的制度创新才能真正有其长远的效果。同时，建立中央和地方政府间的事权调整机制，加快制定财政转移支付及相关制度。此外，还包括宏观调控措施效果评估法、税制调整法、均质化推进

---

① 郑培：《新时期完善我国政府间事权划分的基本构想及对策建议》，《地方财政研究》2012 年第 5 期。

法等。①

徐阳光提出事权应与支出责任相适应。其包含纵向与横向两个层面的要求：从纵向层面，应根据事务的外部性、信息复杂性和激励相容原则来确定上下级政府之间的事权划分，明晰各级政府的支出责任；横向层面，明确同级政府内部各部门之间的事权与支出责任，应当坚持原则上一项事权由一个部门负责，避免出现部门之间的事权重叠或相互推诿的现象。与此相对应的，应建立事权与支出责任相适应的制度，② 这意味着全面梳理我国各级政府关系和重新调整国家行政权力运转及其评价机制，对推进国家治理体系和治理能力现代化建设意义重大。江孝感等学者运用委托—代理理论研究政府间事权划分，并运用参与约束和激励相容约束条件建立了划分事权的委托—代理模型，认为对于政府事权划分应从两方面考虑：对于确定性事权，使用该模型来划分和执行事权；对于交叉性事权交给地方政府，可以使委托人和代理人的目标

---

① 辛向阳：《进言中央与地方的事权划分》，《人民论坛》2010 年第20 期。

② 徐阳光：《论建立事权与支出责任相适应的法律制度——理论基础与立法路径》，《清华法学》2014 年第 5 期。

函数相一致，都达到福利最大化，就不需要建立激励约束机制来促使交叉性事权的完美执行。[①]

3. 对于事权划分的具体内容的探索

樊继达从政府职能角度研究，认为优化中央与地方事权划分的具体方法是：经济调节职能由中央政府主导；市场监管职能由中央和省级政府主导；社会管理职能中央定政策，地方管执行；公共服务职能调整重在事权与财力匹配。[②] 江孝感等学者依照上述原则，对各类事权作出了明确的划分，属于中央政府的事权包括：第一，全国性公共事务——国防、外交、外贸、环境、银行、省际贸易、移民、待业保险；第二，涉及规模经济效应的地方性公共事务。属于地方政府的事权包括：第一，地方性公共事务；第二，原本属于中央与地方政府共同承担的交叉性事权——交通运输、工业、农业、教育、社会福利、警察、高速公路、自然资源；第三，需特别考虑效率的全国性公共事务——高等教育等。在此基础上，将中央与地方政府的事权通过法律的形式确定

---

① 江孝感、吴大勤、冯勤超：《政府间事权划分思路研究》，《东南大学学报（哲学社会科学版）》2006年第3期。

② 樊继达：《央地关系重塑：从政府职能配置的角度生发》，《行政管理改革》2012年第7期。

下来。①

当前我国央地事权划分的原则基本可以达成一致，但燕继荣等学者认为，就现实层面来说，中央和地方的关系究竟何去何从，还要取决于国家处于哪个发展阶段，也取决于中央和地方的互动状态。所以，这是一个变动的过程。②

对于央地事权划分的研究，也有一些新的视角：目前学界都在建议央地事权法治化，但基于宪法文本的分析较为有限，郑毅从 1949 年的《共同纲领》开始对我国历部宪法关于中央与地方关系的条款的演变进行研究，③我们可以归纳央地关系发展规律，明晰其内在逻辑，总结其局限性，从而进一步提出发展与完善方案。

（五）小结

"事权"一词本身并不是一个规范的学术性概念，就

---

① 江孝感、吴大勤、冯勤超：《政府间事权划分思路研究》，《东南大学学报（哲学社会科学版）》2006 年第 3 期。

② 燕继荣、谭峰：《转型期央地权力分配难题待解》，《甘肃理论学刊》2014 年第 1 期。

③ 郑毅：《建国以来中央与地方关系在宪法文本中的演变》，《中国行政管理》2015 年第 4 期。

是说，从思想史和学术史的发展脉络中并不能找到其源流。如前文所述，关于"事权"以及中央与地方之间事权划分问题的讨论，实际上是在党和政府的有关文件中提出这个问题之后才在学术界兴盛起来的。这个问题的确是一个非常重要的问题，从所谓"事权"这个角度切入，也的确为中央与地方关系这个"老问题"的深入探讨提供了一个不错的契机。但是围绕"事权"问题本身，特别是"事权"这个概念本身，一直并没有展开太多的理论研究和辨析。

由于问题的提出是意图建立健全事权与支出责任相匹配的体制（十八届三中全会用语），"事权"实际上是与另一个概念成对出现的。与之形成对照的是，对"事权"相对应的那个概念，理论上倒是进行了一定程度的探讨，因而对这个对应概念的认识有一定的变化和深化，从一开始称之为"财权"，到十八大报告调整为"财力"，再到十八届三中全会又调整为"支出责任"，显现出对问题的认识有所深化。

相应地，学术界并没有就"事权"展开太多的讨论。文政认为，"事权"是一个习惯性用语，容易被人理解和接受，但在讲究精确和严谨的学术研究中需要用其他相应的概念来代替。① 这个观点应该说具有相当的代表性。因此可以解释，学术界对"事权"本身为何并没有开展多少讨论，一些学者甚至只是使用"事权"这个概念，而并不做理论上的界定和辨析。② 而之所以如此，是因为实际上很多学者已经形成一种默认的共识性认识，认为"事权"就是指政府的职权或者说职责权限。依照法治政府的原则和要求，各级政府的这些职责权限由法律规定，而其所反映的含义应该就是政府的相应职能。简言之，所谓"事权"就是政府的职能，③ 或者说，是政府职能在法律上的体现。

本书主要是从政治学的研究视角对事权及其划分问题进行讨论分析，通过文献梳理不难发现，我国学界在央地事权划分这一问题上取得了一定的阶段性成果，但总体来讲，关于划分央地事权的方法中，宏观的、原则性方法较多，可操作性较弱，比较性研究较少。目前学

---

① 参见文政《中央与地方事权划分》，中国经济出版社 2008 年版，第 5 页。

② 例如，参见周波《政府间财力与事权匹配问题研究》，东北财经大学出版社 2009 年版。该书就没有对"事权"作出界定，而就是在政府职能这个意义上使用"事权"这个概念。

③ 参见李齐云《建立健全与事权相匹配的财税体制研究》，中国财政经济出版社 2013 年版，第 35 页。

术界关于事权及其划分的研究，已经形成的比较普遍的看法是，事权的划分并不仅仅是为了明确中央和地方的事权，明晰政府间事权划分是政府间财政支出责任划分的依据，也是政府间收入划分及转移支付的重要依据。因此，尽管事权划分本身不属于财政体制的范畴，但却是财政体制确立与完善的基础。在今后的研究中，可以在加强研究的精细化程度的基础上，从更多的视角来研究央地事权，以央地事权为圆心，发散到财权划分、税制改革等方面。所以接下来还需要学者们对财政收入划分及转移支付等方面的理论进行深入研究，并进行一些配套的改革措施，如以省直管县财政改革为起点，积极稳妥地推进行政体制改革，压缩政府层级，从而为新一轮财政体制改革提供动力；逐步建立有利于推动科学发展的收入体系；优化转移支付构成，构建体现公平效率和透明规范的资金保障机制等。①

对于上述这一共识性的观点，还有继续思考和探讨的空间。的确，事权是与支出责任（或者财力）相关联的问题，通过对财政收支等问题的研究会有助于

① 郑培：《新时期完善我国政府间事权划分的基本构想及对策建议》，《地方财政研究》2012 年第 5 期。

深化对事权的认识和把握。但是，另一方面，事权是否是确立支出责任的基础？这一点还有待进一步探讨。如上所述，所谓事权就是政府职责权限或者说职能。在市场经济体制下，政府的职能并不是由政府自己来决定的，而是由市场机制来决定的。①因此，以事权定支出责任（或者财权）的思路，未必符合市场经济条件政府管理的运行逻辑和机制。对此，本书将有进一步的探讨。

二　中央、地方事权关系的历史分析

历史分析是理解当下问题的基础。中央、地方事权关系是当前国家治理领域内的重大问题。从新中国成立以来的历史看，这一问题与新中国的政治发展历程相伴随。一方面，中央、地方事权关系与当代中国的政治体制、政策机制、领导方式都密切相关。另一方面，中国共产党是中国国家政治的领导者。因此，中央、地方事权关系的重大发展和变革，也都与党的

①　参见李齐云《建立健全与事权相匹配的财税体制研究》，中国财政经济出版社 2013 年版，第 35 页。

重大方针、政策密不可分。在央地事权关系的历史发展中，我们试图围绕党和国家的发展目标变迁，围绕职能分工和政策工具的优化，确立一个逐步迈向事权关系规范化和法治化的发展进程。总的来说，**历史进程中的中央、地方事权关系具有其"不变"与"变"的两个维度：（1）立足国家政治体制的"不变"；（2）紧随国家发展目标的"变"。**在前者的维度上，央地事权关系在总体上遵循国家政体形式和民主集中制的原则，更加重视中央层面的全局统一。在后者的维度上，央地事权关系的发展遵循问题导向，紧紧追随特定阶段下国家的发展和治理目标。

一方面，中央、地方事权关系的基础和前提是新中国的政治体制。这包括国体和政体框架，以及社会主义民主政治的发展道路。因此，无论是在哪个历史阶段，对于中央和地方的分工关系，都必然要服从于当代中国的基本政治原则，其中最为重要的一条就是民主集中制。具体来说，民主集中制是中国宪法所规定的国家机构的组织原则，同时也是作为执政党的中国共产党的组织原则。在国家机构层面，民主集中制要求实现"中央的统一领导"。同时，全国人大则是整个国家的最高权力机关。① 在实践运行层面，民主集中制也是执政党的根本组织原则，并具体体现为少数服从多数，下级服从上级，全党服从中央的基本原则。②结合机构和运行这两个层面，我们可以确认，中国央地关系的总体特征是强调整体性和全局性。在制度架构上重视统一集中，在运行机制上重视自上而下。无论是在哪个历史阶段，这都是制约央地事权关系的最为基本的因素。这就是"不变"的维度。

另一方面，伴随着新中国的历史发展，央地事权关系也呈现出阶段性的调整和完善。在每个特定的历史阶段，央地事权关系的基本格局都取决于如下几个关键因素：第一，当时国家的发展与治理目标。第二，相应的政府职能的界定。第三，相应的政府组织结构和政府内部的分工。比如说，在改革开放阶段，特别

---

① 《宪法》第三条："中华人民共和国的国家机构实行民主集中制的原则。……中央和地方的国家机构职权的划分，遵循在中央的统一领导下，充分发挥地方的主动性、积极性的原则。"第五十七条："中华人民共和国全国人民代表大会是最高国家权力机关。它的常设机关是全国人民代表大会常务委员会。"

② 《党章》第十条："党是根据自己的纲领和章程，按照民主集中制组织起来的统一整体。党的民主集中制的基本原则是：（一）党员个人服从党的组织，少数服从多数，下级组织服从上级组织，全党各个组织和全体党员服从党的全国代表大会和中央委员会。"

是 1978 年十一届三中全会之后，党和国家的工作重点转向社会主义现代化建设。在这一背景之下，政府职能也相应收缩，向地方、企业和社会下放权力。① 之后在 1982 年则启动了国务院机构改革，机构数量和人员编制均大幅减少。又比如，2003 年后国家治理的目标开始更加重视协调和统筹。由此，政府在社会保障、区域振兴、环境资源等方面的职能开始扩展。在央地关系上，中央政府在相关领域内的工作和投入都得到加强，对地方层面的支持力度也逐步加大。因此总的来说，在不同的历史阶段，央地事权关系都要服务于当时国家的发展和治理目标。伴随着政府职能的调整，也具体呈现为不同的央地分工关系和事权配置形式。这就是"变"的维度。

接下来，我们将基于不同的历史分期，具体考察央地事权关系在不同历史阶段的发展和变化。

---

① 《十一届三中全会公报》："会议指出，现在我国经济管理体制的一个严重缺点是权力过于集中，应该有领导地大胆下放，让地方和工农业企业在国家统一计划的指导下有更多的经营管理自主权；应该着手大力精简各级经济行政机构，把它们的大部分职权转交给企业性的专业公司或联合公司。"

(一) 政权稳固期 (1949—1954 年)

在中央与地方的权力关系方面，新中国建立的是中央行政体制。然而，该制度的实现也是一个逐渐完成的过程。从 1949 年 10 月到 1954 年《宪法》颁布，这一阶段为政权稳固期。该阶段的主要目标是逐渐建立起中央政府体制，进而实现新政权的稳固。为了实现这一目标，央地关系也经历了从大行政区制向民主集中制的转变。

1. **大行政区制的建立**。新中国成立之初，局部战事仍未完全平息，社会基本秩序有待重建。各解放区大都延续了战争时期军政合一的管理架构。基于战争规律，各解放区相对中央也享有较大的自主权。在这一背景下，中国共产党对新中国央地关系的基本构想是"在中央领导之下的区域制"。① 具体而言，这一构想的主要实现方式是大行政区制度。在全国范围内，设立了华东、中南、西北、西南、东北、华北一共六个大行政区。各大行政区建立军政委员会或人民委员会，作为地方政权机关，统管所辖各省、市的地方事务。比如说，当时至

---

① 《中央关于财政经济工作及后方勤务工作若干问题的规定》 (1949 年 3 月 20 日)。

关重要的城乡土地改革办法,都是由大行政区一级来决定。这种央地职权划分的原则,也得到了当时《共同纲领》的确认,并称之为"使之既利于国家统一,又利于因地制宜"。

2. **中央行政体制的逐步建立**。在实施大行政区制的同时,中央政府也开始逐渐建立与充实其行政管理体制,并同步地加强省、市政府的职责。从中央与地方事权关系的角度说,这一过程使得大行政区被逐渐地虚化和替代。自1950年4月起,中央政府开始对编制、财税、物资等事务实行统一管理。之后,为了迎接"大规模经济建设"的新形势与新任务,党中央提出"加强国家工作的集中性"。到1952年11月,对大行政区机构进行了调整,各军政委员会全部改为行政委员会,其下辖机构也逐步转由中央主管部门接管。直至1953年2月,中央计划机构正式建立。围绕国家计划的相关业务,"条条"关系获得有效加强,中央对地方的掌控也终于有了"落脚点"。当然,中央行政与计划体制的建立,也是为下一阶段进行国家建设而服务。

3. **建立各级政权机关,颁布《宪法》**。与中央行政体制相伴随的,则是各级人民民主政权的建设。自1951

年 4 月开始，地方各级的人民代表大会逐步建立起来。相应地，地方各级政府也承担起诸如劳动保障、教育、医疗等的各项社会事业。到 1954 年 6 月，中央明确"减少组织层次，增加工作效率"的要求，决定渐次撤销各个大区一级的行政机构。① 同年 9 月，第一届全国人大召开，颁布《中华人民共和国宪法》。从央地关系上，这也标志着大行政区制向民主集中制的转变完成。

总结起来，从建国到 1954 年间，中央与地方事权关系呈现为由分到收的转变。建国初期是对军事解放区的继承，事权的分配以各大行政区为基础。之后，为了启动和推动计划经济，中央逐渐上收大行政区权力，并建立起民主集中制的国家管理体制。

（二）计划建设期（1955—1962 年）

在政权机关建立之后，全国工作的重心开始转向以计划体制为基础的大规模经济建设。从产业角度来说，新中国的国营工业刚刚起步。国家经济建设的基础是以小农经济为绝对主体的自然经济。除此之外，则是比例

① 《中央人民政府关于撤销大区一级行政机构和合并若干省、市建制的决定》（1954 年 6 月 19 日）。

不高的手工业与资本主义工商业。为了改变经济落后的局面，尤其是为了尽快完成工业基础建设，新中国选择了苏联经验与苏联计划模式。这种选择，要求中国必须同步实施两个任务，一个是计划体制的工业建设，另一个则是对自然农业的合作化改造。考察该阶段的历史，我们可以发现：经济增速目标的起落，直接影响着两项任务的实施，同时又进一步地决定着中央与地方事权关系的变动。

在计划建设时期，经济增速的目标是最为核心的主观变量。与此同时，经济增速也面临两个最大的客观制约因素：一个是宏观层面的，以国营工业为主体的中央计划决策体制；另一个则是微观层面的，以家庭农户为主体的农业生产能力。对于前者而言，当需要实现更高的增速目标时，一般采取"计划放权"的方式，即将中央计划与国营工业的管理权限渐次下放到省、市、地、县各级。其主要原因在于，高度的计划经济体制对不同产业、不同资源的均衡配置都提出了严格的要求，相应的也就对总产出形成了计划内的约束。对于后者而言，农业产量与农业生产水平是制约工业建设的瓶颈。对于这个问题，当时计划决策者也承认"计划中最薄弱的部分是农业生产"，实现农业增产的最有效方式则是合作化。① 在这一判断下，为了加快经济增速，就需要提高农业合作化的水平。换言之，即采取"合作化收权"的方式，按照农户、互助组、生产队、公社的层级渐次地上收权限。以上两个方面，就是当时对经济建设方向的基本认识，也正如在"一五"计划文件中所明确的，"社会主义不可能建立在小农经济的基础上，而只能建立在大工业经济和集体大农业经济的基础上"②。

1. **过渡时期的循序渐进**。在这个阶段，全国性的计划经济体制逐步建立与巩固。与此同时，农业合作化也采取稳步推进的策略。1955 年 4 月，中央要求建立和健全各地区、各部门的计划工作部门，并要求在年内建立县级和基层企业的计划、统计机构。在合作化方面，1955 年 5 月，全国第二次农村工作会议的要求是"一般停止发展"，以及"少数的省县要适当地收缩"。同月，毛泽东在中央会议上也强调发展合作社的原则是自

---

① 陈云：《关于第一个五年计划的几点说明》（1954 年 6 月 29 日）。
② 李富春：《关于发展国民经济的第一个五年计划的报告》（1955 年 7 月 5 日）。

愿互利。① 因此，循序渐进是当时经济建设的主基调。实际上，在 1955 年 7 月的第一届全国人大第二次会议上，国家计委在"一五"计划报告中也给出了社会主义工业化和社会主义改造的时间表，即"除了恢复时期的三年以外，大概还需要十五年左右的时间，即大概需要三个五年计划"。

2. **经济建设"大跃进"**。但是，中央很快修订了十五年过渡的目标。工业化与社会主义改造的步伐迅速加快，而这一政策调整也带来事权关系的变化。在农业方面是合作化提速，在工业方面则是下放管理权。1956 年 10 月，中央决定调整国家行政体制，给予省一级"一定范围的计划、财政、企业、事业、物资、人事的管理权"，并且将企业和事业单位"尽可能地多交给地方管理"。② 1958 年 3 月，中央又提出了发展地方工业的指示，要求"全党办工业，各级办工业"。到 4 月，更进一步放松对工业企业的计划管控，将绝大部分企业下放归地方管理，并在生产部署、原料、劳动力等方面放权，以实现"加快我国社会

① 毛泽东：《关于农业合作化问题的讲话（节录）》（1955 年 5 月 17 日）。

② 《中共中央、国务院发送〈国务院关于改进国家行政体制的决议（草案）〉的通知》（1956 年 10 月 30 日）。

主义建设的速度，提早实现工业化"的目标。[①]

3. **经济整顿与恢复计划**。经济"大跃进"的实施很快带来负面效应。在超高的计划指标下，农业产量与物资供应都显现缺口。与此同时，经济增长的质量也无法得到保障。面对这种局面，中央转而进行经济整顿。在工业方面，经济整顿的主要方式是加强中央与区域层面的计划性，减少地方层面的冒进。1958 年 2 月，中央已经决定全国建立七个协作区，此后要求新建大型企业必须在协作区内实现合理分布。从 8 月开始，中央层面的计划权限也开始重新上收。对外贸易方面，要求"严格统一对外"，禁止各口岸"相互争客户，争市场，落价竞销，抬价竞购"。[②]企业招工方面，"通知各企业事业单位立即停止招收新的职工和继续固定临时工人"，以及"必须加强一九五九年的劳动计划工作"。[③]在农业方面，则是放缓合作化步伐，在农村基层放权。1959 年 2 月的郑州会议上，中央提出进一步地引导农民脱离较小的集

<hr/>

①《中共中央、国务院关于工业企业下放的几项决定》（1958 年 4 月 11 日）。

②《中共中央关于对外贸易必须统一对外的决定》（1958 年 8 月）。

③《中共中央关于立即停止招收新职工和固定临时工的通知》（1959 年 1 月 5 日）。

体所有制。相应地，人民公社实行统一领导、分级管理的制度。

4. **重建中央局与农业调整**。自 1959 年后，"大跃进"的不利后果加速显现。全国的工农业生产受到很大影响，部分地区甚至面临饥荒。为了应对困境，中央也加紧出台应对措施。一方面，将协作区提升为中央局，并将经济管理权集中到中央和中央局层面，各项工作执行"全国一盘棋、上下一本账"的方针。同时，对 1958 年的放权进行调整，明确要求中央各部与省一级"下放给专、县、公社和企业的人权、财权、商权和工权，放得不适当的，一律收回"[①]。由于局势相对严峻，相关政策措施都迅速出台。到 1961 年 1 月的第八届中央委员会第九次会议上，才正式确认建立中央局，以及"缩小基本建设的规模，调整发展的速度"的方针。与工业领域收紧规模与加强计划相对应，农业领域的措施则是放松收购计划与生产指标，并下放基本核算单位。在 1961 年 6 月出台的《农村人民公社工作条例》中，规定了三级所有，生产大队为基本核算单位。到 1962 年 9 月，该条

---

① 《中共中央关于调整管理体制的若干暂行规定》（1961 年 1 月 20 日）。

例再次修订，将基本核算单位进一步下到生产队。生产队实行"独立核算，自负盈亏，直接组织生产，组织收益的分配"，并"至少三十年不变"。

总结这一阶段，经济增长目标主导了计划建设期的事权划分。根据当时的经济发展思路，在实现经济产出方面，计划经济与非计划经济遵循不同的发展策略。其中，计划经济以国营工业企业为主体，下放计划管理权限被认为是鼓励地方积极性、促进工业企业增长的有效手段。当然，这种政策的副作用是计划管理与生产秩序的失控，进而遭遇原料资源、劳动力等方面的投入瓶颈。与之相反，非计划经济以家庭农业为主体，而提升合作化的水平则被认为是克服自然经济局限、提高农业产量的有效手段。但是在实践中，合作化未能实现其大幅增产的初衷，反而造成农业生产的大幅下滑。因此，从1955年到1962年的经济建设期内，围绕经济增长目标的变化，各级政府间的事权划分也几经起伏。起初是渐进式的，中央对地方的计划管控以及对农户的合作化都是稳妥推进的。中间经历了经济"大跃进"，工业计划领域表现为中央对省、市、县的大幅放权，农业领域则表现为公社、生产大队、生产队的层层收权。之后遭遇经济困难，增长目标被下调，相关政策也重新调整。1959年后，则改为工业计划领域重新收权，而农业领域则重新放权给生产队与农户。

（三）阶级斗争与运动主导期（1963—1971 年）

"大跃进"的失败，使得预期的经济增长目标难以实现。但是，当时的中央决策层未能正视经济增长的客观约束，而是归咎于主观原因。在这种情况下，整体的工作重心逐渐转向阶级斗争，正常的行政管理机制也被群众运动的形势所主导。到"文化大革命"高峰时期，各级政府的斗争、夺权盛行，正常的行政事权关系也受到很大冲击。

1. 斗争思路的扩展。从 1963 年开始，延续之前的"三反""五反"运动，阶级斗争的思路开始侵入行政体系。此时，工作分歧的重心开始由发展战略转为政治路线。8 月，中央批转《财贸工作会议纪要》，提出"财贸战线上的阶级斗争是广泛的、严重的、尖锐的"。关于具体的运动推进，则仍然"请省、市、自治区党委决定"。① 到 1964 年 8 月，在中苏论战的背景下，毛泽东提

---

① 《中共中央批转国务院财贸办公室〈财贸工作会议纪要〉》（1963 年 8 月 13 日）。

出经济建设要与战备相结合，以及企业、学校、机构等向二、三线城市迁移的决定。国际层面所引发的备战思路，对常态化的经济建设形成冲击，也使得国内的局势趋于紧张。

2. **上级支持下的地方夺权**。斗争思路使得内部矛盾向"敌我关系"转化。在一些基层地区，这种斗争思路又被利用以争夺领导权。1964 年 10 月，天津市委和中央都肯定了天津小站地区的夺权斗争。在斗争中，基层政权被认定为"被反革命集团所操纵"。当时，地方层面的夺权运动还涉及多地。对此，中央对于地方夺权的扩散进行约束，提出"盲目地进行夺权斗争，那是要犯错误的"。① 但是很快，夺权斗争升级。特别是在农村地区，社会主义教育运动开始采取工作团的形式，"把所在县的党和政府的各级组织交由工作团领导"。②在一些地区，还采取了工作队结合贫协组织的形式，取代原有的党政机构。到 1965 年 9 月，阶级斗争与夺权运动进一步向工业企业扩展。中央认为，"在工会组织中，阶级斗争

---

① 《中共中央关于社会主义教育运动夺权斗争问题的指示——转发天津市委〈关于小站地区夺权斗争的报告〉》（1964 年 10 月 24 日）。

② 《中共中央印发〈关于农村社会主义教育运动中工作团的领导权限的规定（草案）〉的通知》（1964 年 11 月 13 日）。

和两条道路斗争同样是尖锐的、复杂的，存在着队伍不纯的现象"。①

　　3. "文化大革命"爆发与地方夺权的失控。② 阶级斗争与夺权运动在"文化大革命"中达到顶峰，进而日益脱离中央的掌控。从中央到地方，夺权与派系冲突都趋于激进化和暴力化。1966年5月，"文化大革命"正式爆发。同月，中央文化大革命小组成立，并逐渐取代政治局，月底，工作组到人民日报社夺权。1967年1月，上海"造反派"组织夺权成功，并得到"中央文革小组"的通电支持。随后，山西、贵州、黑龙江、山东等地都发生"造反派"夺权，并实施革命委员会体制。各地的串联、武斗直到1968年才逐渐得到控制。与阶级斗争和"文化大革命"同步的，则是各项事权的下放。1969—1970年间，中央将大部分部属高校、工交企业下放给省。此时的事权下放，既有加强基本建设投资的经济原因，同时也包含"建设大三线战略后方"的政治考

---

　　① 《中共中央批转全总党组〈关于省、市、自治区工会主席座谈会情况报告〉和〈整顿基层工会的若干意见（草稿）〉》（1965年9月8日）。
　　② 关于这一历史阶段的史实，主要参考《中国共产党大事记》，载人民网，中国共产党新闻，资料中心，http：//cpc. people. com. cn/GB/64162/64164/index. html。

虑。"文化大革命"路线在 1969 年间达到顶峰，4 月召开的中共九大提出"在社会主义阶段的任何时候、任何情况下都要以阶级斗争为中心"的错误指导思想。但是，在 1971 年"九一三"事件后，周恩来开始主持中央日常工作，力图恢复国家秩序，对"文化大革命"路线加以扭转。

总结这一阶段，阶级斗争成为国家的工作中心。受此影响，正常的行政管理体制被严重破坏。从中央到地方，夺权运动使得国家秩序陷入混乱。在斗争与夺权的严重时期，地方处于一定的失控状态。与此同时，中央也有意识地下放了一些企业、机构的管理权限。但是这种事权下放主要不是因为经济因素，而是源于国际、国内的政治需要。

（四）恢复与改革期（1972—1990 年）

"文化大革命"高峰之后，中央决策层开始回归国家建设与经济发展的正轨，并逐步减少阶级斗争对正常行政秩序的冲击。这一国家大政方针的调整有着国内和国际层面的双重原因。在国内方面，九届二中会议后，"林彪集团和江青集团之间争夺权力的斗争已经表面化"，之后则是 1971 年的"九一三"事件。这一事件促使中国决策层反思极"左"路线。在国际方面，中美苏三边关系发生重大变化。中国在 1971 年 10 月加入联合国，开始步入更大的国际舞台。1972 年，尼克松访华，中美发表联合公报，两国关系走向正常化。中国所承受的国际压力大幅缓和，这也非常有利于国内的路线调整。

1. "文化大革命"路线的逐渐退场。"文化大革命"路线与相关政策的结束是一个渐进的过程。1972—1973 年，中央政策开始回归务实，邓小平的职务也逐步恢复。1974 年 10 月，中央在召开四届人大会议的通知中，转述了毛泽东的意见："无产阶级文化大革命，已经八年。现在，以安定为好。全党全军要团结。"① 1975 年 2 月，邓小平出任第一副总理，并"实际上开始主持国务院日常工作"。与之伴随的，则是全国生产秩序的逐步恢复。同年 2 月，中央要求"加强党的集中统一领导，健全必要的规章制度，整顿铁路秩序，同各种破坏行为作斗争，确保运输安全正点"。同年 6 月，国务院召开计划工作会

---

① 关于这一历史阶段的史实，主要参考《中国共产党大事记》，载人民网，中国共产党新闻，资料中心，http://cpc.people.com.cn/GB/64162/64164/index.html。

议，提出"当前经济生活中的主要问题是乱和散，必须狠抓整顿，强调集中"①。因此，强调中央统一领导，强调事权的上收仍然是当时恢复经济与社会秩序的主要手段。这一过程持续数年，历经打倒"四人帮"、"真理大讨论"等事件，直到1978年11月十一届三中全会的召开。

2. **有计划的放权改革**。十一届三中全会对之前的政策加以反思。全会的一个重要结论是，"现在我国经济管理体制的一个严重缺点是权力过于集中，应该有领导地大胆下放，让地方和工农业企业在国家统一计划的指导下有更多的经营管理自主权"。②因此，放权让利就成为调整计划经济体制的方向。而且，这一次的放权已经不局限于央地政府间，而是延伸到企业层面。这一点与之前的政策形成明显对比。实际上，当时的放权改革更侧重微观层面，而宏观层面仍然强调计划配置。1979年3月，陈云对经济问题的判断是"比例失调的情况相当严

---

① 关于这一历史阶段的史实，主要参考《中国共产党大事记》，载人民网，中国共产党新闻，资料中心，http://cpc.people.com.cn/GB/64162/64164/index.html。

② 《中国共产党第十一届中央委员会第三次全体会议公报》（1978年12月22日）。

重"，因此要"坚持按比例发展"。①同年 4 月，李先念也明确提出，"在中央同地方的关系上，有些权力该分散的没有分散，该集中的没有集中，该宽的不宽，该严的不严"。具体来说，就是"关系到国民经济全局的大事，全国性政策法令的制定和颁布，权力必须集中在中央"。与此同时，"在计划、财政、基建、物资、劳动等方面，要作出具体的规定，给地方以更多的权力"②。在 1982 年11 月的"六五"计划报告中，则更加明确地提出了宏观集中、微观放松的做法，即"必须正确贯彻执行计划经济为主、市场调节为辅的原则，把大的方面用计划管住，小的方面放开"。在放权改革方面，具体的内容包括多个方面。其中，工业领域是国有企业的放权让利，农业领域则是联产承包制。比如说，1984 年 5 月，国务院发文扩大国营企业自主权，提出企业在国家计划之外可以自行安排生产与自销。③除此之外，放权改革的重要内容还涉及增量领域，尤其是乡镇企业与经济特区。

---

① 陈云：《调整国民经济，坚持按比例发展》（在中央政治局会议上的讲话，1979 年 3 月 21 日）。

② 李先念：《在中央工作会议上的讲话》（1979 年 4 月 5 日）。

③ 《国务院关于进一步扩大国营工业企业自主权的暂行规定》（1984年 5 月 10 日）。

3. **价格闯关与政治风波**。放权改革的思路延续到1988年。在商品经济与双轨制的背景下，传统的"一放就乱"形成新的局面，即演变为全国范围的经济过热与物价失控。但是，当时的中央决策层强行启动价格闯关，并迅速遭遇失败。1988年8月19日出台价格、工资改革方案，随即引发抢购风。国务院只能在8月27日再下发紧急通知，承诺"今年下半年不出台新的涨价措施"。但是，社会预期难以在短期内得到扭转。经济领域的不稳定局面也传递到政治领域。到1989年政治风波发生后，经济改革也被迫陷入停顿。

总结这一阶段，基本路线的转换是最为关键的变化。而且，这一变化也始终是一个逐渐完成的过程。首先是"文化大革命"路线的退场，并伴随着宏观层面的中央权力与计划秩序的重建。之后，经济建设为中心的新路线正式出台，并形成对企业、农户进行微观放权改革的新思路。此外，放权的新做法还涉及增量领域，即针对特定地区的对外开放政策。但是，在这一改革的进程中，中央与地方、计划与市场的内在关系并没有得到清晰梳理。"一管就死"和"一放就乱"的老问题并没有解决。不仅如此，激进的放权改革引发了新形式的经济过热，并冲击到政治领域。这表明，宏观集中、微观放松的做法仍然存在缺陷。关于"正确贯彻执行计划经济为主、市场调节为辅的原则"这一问题，也仍然没有找到真正有效的应对方式。

（五）建立社会主义市场经济期（1991—2002 年）

经过短时期的调整，改革开放在 1992 年得以重启。新时期的改革开放明确了建立社会主义市场经济体制的目标。在这一目标之下，中央与地方、政府与市场和社会的关系获得重构。与之相关的，则是事权关系的新形式。其具体表现为，"收与放"不再是事权调整的重心。真正关键的转变在于新政策工具的引入，即计划与行政手段让位于经济杠杆、宏观调控、立法等新的手段。

1. **从行政化向规范化的转变**。回溯历史实践表明，1980 年代的改革开放主要依赖行政性手段。这一做法延续到 1990 年代初期。为了建立全国统一市场，促进商品流通，中央与国务院在 1990 年 9 月和 11 月分别下文，要求"坚决制止乱收费、乱罚款和各种摊派"[1]，

---

[1]《中共中央、国务院关于坚决制止乱收费、乱罚款和各种摊派的决定》（1990 年 9 月 16 日）。

并且要求"各地区、各部门不得擅自在道路、车站、码头、省区边界设关卡,阻碍商品的正常运输"①。短期来看,这些行政性手段有其必要性。但是,这些问题的深层次原因,却在于计划与市场之间、旧的行政管制与新的经济形态之间的矛盾。为此,政府必须建立与运用新的手段与工具,对央、地、企业之间的关系进行更为规范化的管理。这也就要求引入新的事权安排方式。关于这个问题,时任国务院副总理的朱镕基在1991年12月的阐述是,"在这种情况下,管理经济的办法必须适应客观形势的变化而有所改进。指令性计划、项目审批制度等各种行政手段还是要用的,但是其作用和效果越来越有限,用得不好,常常发生负效应。在新的形势下,国务院各部门更主要的是要学习运用各种经济杠杆等,实行行业管理和宏观调控"②。调控政策的引入,使得政企关系、央地之间有了新的抓手,这也成为之后行政改革的一个出发点。1993年实行的分税制改革,是运用规范化手段管理央地关系的一次典型尝试。分税制在

---

① 《国务院关于打破地区间市场封锁,进一步搞活商品流通的通知》(1990年11月10日)。

② 朱镕基:《关于搞好国营大中型企业的几个问题》(1991年12月20日)。

财力与事权上较为明确地规定了中央与地方之间的不同权责。除了调控政策之外，经济立法是另一种新的政策工具。1992 年 7 月，七届全国人大常委会决定授予深圳立法权，以推动深圳在"发展经济和社会主义民主法制建设方面走在前面"。①到 1993 年 3 月，八届全国人大通过《宪法》修正案，将"国家实行社会主义市场经济"以及"国家加强经济立法，完善宏观调控"正式写入国家《宪法》。②

2. **单位制与社会事业的改革**。事权调整的另一个重心是单位制企业。这主要是因为，在传统的计划体制下，单位制企业不仅是生产者，同时也是企业职工养老、教育、医疗、住房等各类社会事业的提供者。要将传统国有企业转变为现代企业，就必须一方面继续推进企业改制，另一方面将企业的非生产性功能抽离，同时建立新的社会化的保障体制。就前者而言，国务院在 1994 年 10 月开始稳步推进国有企业破产的试点，在首

---

① 万里：《在七届全国人大常委会第二十六次会议上的讲话》（1992 年 7 月 1 日）。

② 《中华人民共和国宪法修正案》（第八届全国人民代表大会第一次会议通过，1993 年 3 月 29 日）。

批 18 个城市"建立和完善企业优胜劣汰机制"①。就后者而言，在 1994—1995 年间，国务院在住房、养老、医疗等领域出台一系列的改革措施。这些政策措施的总体方向一致，都是为了降低企业负担，建立现代化的社会保障体制。比如说，在住房方面，提出"城镇住房制度改革的基本内容是：把住房建设投资由国家、单位统包的体制改变为国家、单位、个人三者合理负担的体制"②。在养老方面，提出"基本养老保险费用由企业和个人共同负担，实行社会统筹与个人账户相结合"③。当然，这些改革都涉及较大的存量部分，其资金支出也较大。因此，新的社会保障事业都是由地方政府分级承担。而且，在各地的实施进度与标准上，也给予了地方较大的自主权。到 1997 年 9 月，党的十五大提出了混合所有制的新思路，即"公有制的主体地位主要体现在：公有资产在社会总资产中占优势；国有经济控制国民经济命脉，对经济发展起主导作用。这是就全国而

---

① 《国务院关于在若干城市试行国有企业破产有关问题的通知》（1994 年 10 月 25 日）。
② 《国务院关于深化城镇住房制度改革的决定》（1994 年 7 月 18 日）。
③ 《国务院关于深化企业职工养老保险制度改革的通知》（1995 年 3 月 1 日）。

言，有的地方、有的产业可以有所差别"①。这极大地促进了国有企业的股份制改造，也加速了企业向市场主体地位的转变。

3. **统一市场的建设**。十五大提出，"打破地区封锁、部门垄断，尽快建成统一开放、竞争有序的市场体系，进一步发挥市场对资源配置的基础性作用"②。企业所有制改革的推进，对宏观领域的市场建设也提出了新的要求。在国际层面，中国加入世贸组织，同时东南亚金融危机爆发。新的国际市场对于中国企业而言，既是巨大机遇，更是重大挑战。基于对东南亚金融危机的总结，1997 年 12 月国务院提出深化金融改革，要求强化金融监管职能，包括人民银行设立跨省的一级分行，成立中央金融工委，以及实行各大金融机构的垂直化管理等。③此外，在税收、市场监管方面，也开始加强中央法令的权威与全国的一致性。1998 年 3 月，国务院要求地方

---

① 《高举邓小平理论伟大旗帜，把建设有中国特色社会主义事业全面推向二十一世纪——江泽民在中国共产党第十五次全国代表大会上的报告》(1997 年 9 月 12 日)。

② 同上。

③ 《中共中央国务院关于深化金融改革，整顿金融秩序，防范金融风险的通知》(1997 年 12 月 6 日)。

"不得超越权限擅自制定、解释税收政策"。① 2001 年 4 月，中央再次命令"任何地方不得制定实行地区封锁或者含有地区封锁内容的规定"，并同步提升市场监管部门的权威，将国家工商局、质检局等部门升级为正部级机构。②

总结这一阶段，建立社会主义市场经济的任务处于中心位置。为此，就必须按照市场规律来处理政企关系，同时运用宏观调控、经济立法、社会保障等方式来弥补市场本身的不足。相比过去的行政命令与计划管控，这些新的政策工具具有规范化、科学化、法治化的优势，也更符合社会主义市场经济的运行特点。在这一背景下，事权划分也就遵循了这一新的规范化原则。在分税制的总体支出框架下，中央与地方合理划分彼此事权责任。其中，中央承担宏观调控职责，并加强统一市场的建设，地方则与企业、个人分担社会保障。

---

① 《国务院关于加强依法治税严格税收管理权限的通知》（1998 年 3 月 12 日）。

② 朱镕基：《提高认识，周密部署，大力整顿和规范市场经济秩序》（全国整顿和规范市场经济秩序工作会议上的讲话，2001 年 4 月 4 日）。

（六）全面建设小康社会期（2003 年至今）

在建立社会主义市场经济的过程中，事权划分形成了一个较为清晰的基本框架。但是，由于所掌握资源的不同，中央、地方和企业在事权承担的执行方面存在较大落差。其突出表现是在社会事业方面，地方政府财力有限，尤其是在农村、西部等后发区域存在明显的短板与不足。在这种情况下，努力实现协调与统筹发展，全面建设小康社会就成为 21 世纪以来的工作重心。

1. **"非典"危机与协调发展的新议程**。加强协调发展与统筹发展的提出，与"抗击非典"有很大的关系。2003 年的"非典"危机不仅是一场公共卫生危机。它对中国的经济社会造成较大的负面冲击，同时也暴露出中国在公共医疗、城乡差距、社会稳定等方面的种种问题。通过这些问题，中国的决策层也认识到协调发展的必要性。在 2003 年 7 月召开的全国防治"非典"工作会议上，胡锦涛指出，从长远发展看，需要进一步加强"经济社会协调发展""统筹城乡经济社会发展"等方面的工作。① 同年 10

---

① 胡锦涛：《在全国防治非典工作会议上的讲话》（2003 年 7 月 28 日）。

月召开的十六届三中全会上，则进一步提升为"科学发展观"，并明确指出，"树立和落实科学发展观，这是20多年改革开放实践的经验总结，是战胜非典疫情给我们的重要启示"①。当然，共同富裕本来也是建设社会主义市场经济的内在要求。实际上在"非典"之前，中央在补短板、拉动后发区域等方面已经有了一定的举措。比如说在1999年6月，中央要求进一步加强扶贫开发工作，实行"东部十三省、直辖市对口帮助西部十个省、自治区的东西扶贫协作工作"，并提出"扶贫攻坚要打总体战"②。但是，"非典"危机仍然提供了一个重要的政策窗口，使得协调、统筹与科学发展的议程更加凸显。在此之后，各种政策措施相继出台。2003年8月，振兴东北老工业基地座谈会召开，温家宝提出"国家要组织有关部门抓紧制订东北地区等老工业基地调整、改造和振兴的指导性意见。有关地区也要抓紧研究制定本地区的调整、改造规划"③。

---

① 胡锦涛：《树立和落实科学发展观》（在中共十六届三中全会第二次全体会议上的讲话，2003年10月14日）。

② 《中共中央、国务院关于进一步加强扶贫开发工作的决定》（1999年6月28日）。

③ 温家宝：《适应改革开放新形势，走出加快振兴新路子》（在振兴东北老工业基地座谈会上的讲话，2003年8月3日）。

2. **新政策模式：党政统合**。抗击"非典"的重要经验不仅在议程方面，同时也表现在政策模式方面。为了应对"非典"危机，中国启动了公共卫生事件应急机制，并且最大化地发挥了党政统一化领导、社会各界动员的体制优势。实际上，在一定程度和范围内跨越行政边界，统合全社会力量，是中国共产党的重要执政经验之一。在1999年的"扶贫攻坚总体战"中，区域对口支援的政策就很明显地体现了这一政策模式。在抗击"非典"成功之后，中央也从中总结了正面的政策经验，并逐步建立起一套党政统合的新政策模式。其典型运用是在社会治安综合治理方面。2003年9月，提出"深入发动社会各方面的力量参与社会治安防控体系建设"，社会治安防控体系"必须在各级党委、政府的统一领导下，社会治安综合治理机构组织协调，有关部门密切配合，广大群众积极参与"①。很显然，在这一新的政策模式下，事权划分也呈现出新的特点。其中，党政关系、政社关系都成为新的课题。近年来，类似的模式也不断增加。比如说，2009年11月，中央提出"抓紧建立健全

———————

① 罗干：《充分发挥社会治安综合治理优势，大力推进治安防控体系建设》（在全国社会治安综合治理工作会议上的讲话，2003年9月24日）。

非公有制经济组织和新社会组织党组织，选好配强党组织负责人"①。又比如说，十八大以来，从中央到地方各级、各部门都建立了全面深化改革领导小组，以加强统筹领导与集中指挥。

3. **新政策模式：依法行政与公众参与**。在协调发展、全面建设小康社会的进程中，另一种新的政策模式也发展起来，其重点是更加强调依法行政与公众参与。实际上，这也是新时期工作所提出的决策科学化、民主化、法治化的要求。就依法行政而言，主要侧重于公开、规范与程序化。2004年4月，国务院出台《全面推进依法行政实施纲要》，提出"依法界定和规范经济调节、市场监管、社会管理和公共服务的职能"。纲要还明确提及政府管理的新工具、新方式，即"要充分运用间接管理、动态管理和事后监督管理等手段对经济和社会事务实施管理；充分发挥行政规划、行政指导、行政合同等方式的作用"②。这方面的典型代表是产业政策的新思

---

① 《中央学习实践活动领导小组办公室发出通知要求，进一步加强地方党委对非公有制经济组织和新社会组织学习实践活动的领导》（2009年11月8日）。

② 《国务院关于印发全面推进依法行政实施纲要的通知》（2004年4月20日）。

路，即按照目录清单管理的方式，引导产业结构的调整。
2005 年 12 月，国务院发布《促进产业结构调整暂行规
定》，提出"《产业结构调整指导目录》是引导投资方
向，政府管理投资项目，制定和实施财税、信贷、土地、
进出口等政策的重要依据"。该目录采取负面清单管理的
原则，并且定期依照程序进行调整与发布。①此外，公众
参与也是依法行政的重要内容之一，并主要体现在程序
公开、决策咨询与基层自治等方面。2006 年 4 月，国务
院提出加强与改进社区服务，支持"培育社区服务民间
组织，组织开展社区志愿服务活动"②。2008 年 6 月，国
务院出台加强市县政府依法行政的决定，要求"完善重
大行政决策听取意见制度"，以及"推行重大行政决策
听证制度"③。2011 年 8 月，中央更明确要求深化政务公
开，提出"凡涉及群众切身利益的重要改革方案、重大
政策措施、重点工程项目，在决策前要广泛征求群众意
见，并以适当的方式反馈或者公布意见采纳情况。完善

---

① 《国务院关于发布实施〈促进产业结构调整暂行规定〉的决定》
(2005 年 12 月 2 日)。

② 《国务院关于加强和改进社区服务工作的意见》 (2006 年 4 月 9
日)。

③ 《国务院关于加强市县政府依法行政的决定》(2008 年 6 月 18 日)。

重大行政决策程序规则，把公众参与、专家论证、风险评估、合法性审查和集体讨论决定作为必经程序加以规范，增强公共政策制定透明度和公众参与度"①。十八大以来，推进政务公开与公众参与的力度继续加强。2015年3月，中央推行权力清单制度，要求地方各级部门全面梳理现有行政职权，优化权力运行流程，并向社会公布权力清单。根据中央的要求，全国的省级政府要在2015年年底之前，市县两级政府在2016年前，必须基本完成该项工作。②

总结这一阶段，为了实现经济、社会、环境的协调发展，全面建设小康社会，就必须更加重视各方面工作的统筹部署。这显然对执政能力与政府效能提出了更高的要求。为此，需要采取新的政策工具，发展新的政策模式。总的来看，这要求中央与地方，党、政与社会的事权配置更加关注彼此协调。在新的政策模式中，事权划分也更趋于复合化，而不仅仅局限于传统的中央、地方的二分结构。而且，实践也表明，在党政统合与依法

①《中共中央办公厅、国务院办公厅印发〈关于深化政务公开加强政务服务的意见〉的通知》（2011年8月2日）。

②《中共中央办公厅、国务院办公厅印发〈关于推行地方各级政府工作部门权力清单制度的指导意见〉》（2015年3月24日）。

行政这两种新政策模式之间，也具有相互配合、相互支撑的关系。十八届三中全会通过了《中共中央关于全面深化改革若干重大问题的决定》，其中专门论述"强化权力运行制约和监督体系"，要求"构建决策科学、执行坚决、监督有力的权力运行体系"。此后，中央陆续出台"八项规定"等措施，并在纪检监察制度、巡视制度、一把手公开透明制度等方面进行积极实践与探索。[①]很显然，这些改革是新形势下对不同政策模式的结合，也体现了"党的领导、人民当家作主、依法治国"三者的有机统一，以及符合社会主义民主政治的发展趋势。

（七）　对事权历史的小结

对新中国超过 60 年的历史分析，表明事权的配置和演变一直遵循国家的发展目标和治理目标。**每当国家形成重大的目标转换时，事权关系也就必然经历重大的调整，以更好地服务于国家目标。**

在这一总体结论之下，基于历史分析，我们还能够有如下几点发现。

---

① 《中纪委：推进一把手权力公开透明运行试点》，《人民日报》2013年 12 月 23 日。

　　1. **事权内涵的丰富化**。事权关系的发展演进是一个从简单到复杂，从一维到多维，不断深化不断提升的过程。从简单的"收放"关系，**到多元的新政策工具，再到丰富的新政策模式**。尤其是伴随着国家治理目标本身的不断提升，央地事权关系的内涵也得到更多、更广的呈现。早期的事权关系仅仅体现为特定职权在中央和地方之间的简单转化。尤其是在计划经济年代，事权更加直接地体现为计划制订和计划运行的管辖权。因此，事权完全是一种以"事"的客体为对象的权力。在这一条件下，中央和地方之间围绕事权的关系，也就比较难避免一种此消彼长的零和关系。到了改革开放年代，尤其是在社会主义市场经济条件下，在中央和地方，以及在政府和市场、社会的关系上，命令管制型的成分逐渐减少，而规范和激励型的比重开始增加。在行政命令和计划之外，法律、法规、宏观政策等新的职权范围不断得以扩展，与之相关的新的政策工具也不断被设计出来。由此，央地事权关系得以摆脱计划和行政指令的任意性，而向更为规范化的方向发展。更进一步地，央地事权关系的规范化，构成了政府职能转变的前提和基础。公众参与、政策协商、党政合力等新的政策模式也由此得到发展和完善。这些政策模式层面的变革，将使得央地事权关系的内涵被提升到一个新的高度。事权成为一种协调不同层级的政府、市场和社会主体之间关系的有序纽带，从而能逐步向法治化的方向推进。

2. **事权调整的渐进化**。事权调整跟随国家目标的转换，而后者本身是一个渐进的过程。在这一意义上，历史阶段的分析虽然是有时间节点的。但是，历史的各阶段本身却是彼此叠加的。换言之，在上一个阶段的历史尚未结束时，其实下一个阶段的历史已经开启。对新中国成立以来的历史分析表明，往往在某个阶段的晚期，在局部领域，新的事权关系已经在生成，而正式的国家目标转换往往紧随其后。比如说，在"一五计划"开始之前，中央在 1953 年年初就开始逐步从上至下建立计划机构，包括健全统计机构等。① 同样地，新的事权关系也通常采取一种逐步推进的方式，特别是在针对重大问题时更加如此。比如说，在改革开放后的"农村包产"问题上，十一届三中全会仍然提"两个不许"。到 1979 年

① 《中共中央关于建立计划机构的通知》（1953 年 2 月 13 日）。

的四中全会上则改成"不要"，并且给"某些副业生产的特殊需要和边远地区、交通不便的单家独户"开了一个口子。中间经历几次微调，最后到 1982 年的中央一号文件，完全肯定包产到户是"社会主义集体经济的生产责任制"①。这种事权调整的方式也体现了中国政治的基本特点，即以问题为导向，以实事求是为原则。在发展、改革和稳定之间保持一种平衡性。在不同的历史阶段，它都反复证明了中国革命和发展道路中的"实践导向"。这一点，对于接下来的事权改革也具有很重要的启示意义。

3. 重大事件所引发的"窗口期"。渐变的调整方式，最终需要一个完成质变的契机。当主客观条件逐渐成熟后，事权调整的渐进化积累，就需要一个"政策窗口"来形成突破。历史分析表明，在事权调整的历程中，国内、国际的重大事件往往转化成为至关重要的"窗口期"。换言之，国家目标与事权关系一般遵循内生演进机制，但是在关键的转换期往往需要某种外生变

① 参见《关于加快农业发展若干问题的决定（草案）》（1978 年 12 月），《中共中央关于加快农业发展若干问题的决定》（1979 年 9 月），以及《中共中央批转〈全国农村工作会议纪要〉》（1982 年 1 月 1 日）。

量的影响。这一点，在历史进程的分析中体现得非常明显，并且在"一五计划"、中美建交、东南亚金融危机、中国入世、抗击"非典"等历史事例中屡屡得到证明。实际上，"窗口期"的作用，不仅表现为重要的环境变化，同时也有助于形成一种新的政治和社会共识。在很大程度上，客观环境的缓慢演变需要一个比较集中的展现，从而提供一种主观认知的聚焦。在此之前，决策层和社会大众对于环境变化其实也有足够的感知和认识。但是，在重大事件所形成的聚焦之下，相关认识被完全激活和释放出来，从而能够汇集成更为清晰，也更为确定的认识。这就是"窗口期"的意义。实际上，这种情形也是中国政治发展历程中的常态。这同时也表明，中国的高层决策非常善于从重大事件中汲取经验和教训，同时也非常善于借助重大事件的机遇窗口来启动关键的国家议程。

三　中央、地方事权关系的现状分析

要梳理事权关系的现状，需要一个清晰的分析框架。传统的列举式框架，是试图对中央和地方各自事权进行完整、逐一地列出。相对而言，这样的分析框架是一个比较理想化的结构，也更加适用于一个稳定、静态的社会。相反，就当代中国的政治发展现状而言，一方面社会政治议题不断更新，大量的社会事务也处于变化流动之中；另一方面政府自身也正处于职能转变的过程之中，事权关系的调整、完善和规范化的进程也尚未完成。在这种情况下，相当比例的公共事务需要依赖不同层级间政府的分工协作。换言之，除去一些经过实践检验有着确定权属的事务之外，更多的事权不是单一的权限，而是体现为一个权力运行流程，或是在一个公共政策过程之中。许多事权，都是在特定的运行流程中，中央和地方发挥不同的功能，之间形成不同类型的分工协作关系。因此，对事权现状的分析，也就更加需要一个基于不同的权力运行流程的分析框架。这也是我们进行这一现状分析的基础。

（一）总体特征

目前，中国处于全面深化改革，完善和发展中国特色社会主义制度的关键时期。在推进国家治理体系和治理能力现代化的背景下，央地事权关系的建设主要是围绕"建设法治政府"和"深化财税体制改革"来展开。①
总体来看，**现有央地事权关系是在规范化、法律化的方向上发展，并逐渐与各级政府的支出责任相匹配**。一方面，事权关系的现状与具体的政治实践密不可分。基于事权本身的特点，不同事权领域内的体制机制、政策法规、历史脉络乃至一些行政惯例等，都对事权划分产生影响作用。因此，事权关系按照不同的事权特点和分类方式，呈现多元化发展的特征。另一方面，在不同的事权领域，无论是对于中央还是地方，其事权归属和事权分工的基本架构都已经形成。其内在逻辑也基本清晰：**即基于各级政府的法定职能，围绕事权运行的法定流程，建立规范、透明、高效的分工合作关系**。

具体来说，**央地事权关系包含单独行使事权和共同行使事权两大类**。就前者而言，主要是按照事权本身特点，以及中央和地方政府各自的职能权限，形成中央和地方各自单独行使的事权。其中，中央单独行使的事权主要涉及国防、外交等主权性事务，以及涉及国家整体

① 在"建设法治政府"方面，十八届四中全会提出"推进各级政府事权规范化、法律化，完善不同层级政府特别是中央和地方政府事权法律制度"。在"深化财税体制改革"方面，十八届三中全会提出"建立事权和支出责任相适应的制度"。

和全局性利益的事务，比如说国家安全、全国统一市场规则和管理等。① 而地方单独行使的事权主要是区域性的公共服务，比如说城市管理、社区建设等。在中国单一制的政体条件下，还包括获得中央明确授权的地方事务，比如民族区域自治事务、特别行政区和自贸区事务等。此外，由于当前行政管理体制的分级化特点，对于大部分的事权领域，更多的事务是由中央和地方共同行使的。这方面的一个证明是：对于大部分省一级的行政职能部门来说，都是按照双重管理体制来运作。这就意味着，它们要同时承担地方和中央层级的事权职责。这一特征表现在经济调节、市场监管、社会管理和公共服务等众多领域。

（二）由中央单独行使的事权

此类事权主要关于国家整体利益，比如说涉及主权或国家权威。因此，为了确保国家利益的完整性，这些事权由中央一方单独行使。相应地，地方仅能予以有限

---

① 《中共中央关于全面深化改革若干重大问题的决定》第五部分第 19 点，"适度加强中央事权和支出责任，国防、外交、国家安全、关系全国统一市场规则和管理等作为中央事权"。

的协助，在大多数情况下甚至不得参与其中。具体来说，这类事权又包括以下几种。

1. **传统的主权性事务**。主权性事务的主要内容是外交和国防事务。对于绝大多数现代国家而言，外交和国防事务都体现着国家主权，因此划归中央政府单独行使。这些主权性事务一般涉及国际关系领域，需要由中央作为国家的统一代表。依据《宪法》中的相关规定，对比中央政府和地方政府的相关条款可以发现，二者在经济、教育、科学、文化、卫生等各方面都列有其职权。相反，唯有外交和国防事务仅在中央政府的职权中列出。①

2. **涉及单一制政体的事权**。中国实行的是单一制政体，地方权力是由中央授予。因此，事权如果涉及单一制政体的属性，都是由中央行使。具体来说，在涉及中央和地方的纵向权力关系，以及不同地方之间的横向权力关系的问题，都是由中央单独决定。举例来说，根据《宪法》，关于省级政府的建置、特别行政区的设立以及省市的区域划分等，均属于中央单独行使的事权。此外，

---

① 关于中央政府和地方政府各自职权的列举，参见《宪法》第 89 条和第 107 条。此外，《宪法》中仅有"中央军事委员会"的内容，而并未涉及地方军事机关，也是中央单独行使国防权力的一个证明。

中央还可以改变和撤销地方的不当决定和命令。① 以上这些事权，均是为了确保中央之于地方的绝对权威，进而维护单一制的政体安排。

3. **涉及国家整体利益的全局性事权**。在地方和中央的关系中，前者代表地域性的、局部的利益，后者代表整体性的、全局的利益。因此在央地事权方面，对于涉及国家整体利益的全局性事务，也必须由中央来行使。这方面的典型代表有涉及全国统一市场以及国家安全方面的事务。全国市场的统一监管是确保国家整体经济发展的必要条件。与此同时，目前中国的社会主义市场经济体系仍然处在完善的过程中，地方保护和市场封锁仍然在一定范围内存在。这也成为进一步深化改革的重点。在十八届三中全会中，就提出"清理和废除妨碍全国统一市场的公平竞争的各种规定和做法"，并明确"关系全国统一市场规则和管理等作为中央事权"②。当前，全

① 根据《宪法》第 62 条，全国人大可以行使"批准省、自治区和直辖市的建置"和"决定特别行政区的设立及其制度"的职权。第八十九条，国务院可以行使"批准省、自治区、直辖市的区域划分，批准自治州、县、自治县、市的建置和区域划分"、以及"改变或者撤销地方各级国家行政机关的不适当的决定和命令"的职权。

② 《中共中央关于全面深化改革若干重大问题的决定》第三部分第 9 点，以及第五部分第 19 点。

国统一市场监管方面的成熟例子主要是在金融财税领域。中央从 20 世纪 90 年代开始逐步推进金融财税领域的改革，建立起以 "一行三会" 为代表的全国性的金融监管体制。与此同时，推进分税制改革，使得国税征管脱离地方系统，成为中央单独行使的事权。很显然，这些都是为了确保中央对全国经济系统的全局性掌控。另一个新近的例子是国家安全事务。根据新出台的《国家安全法》，国家安全关乎国家在政权、主权、人民福祉等多方面的 "重大利益"，其范围也包括政治、经济、军事、文化和社会安全等全方位的内容。因此在整部法律中，关于维护国家安全的任务和职责方面，所有主体都是国家或中央级机构，涉及地方政府的仅一条。①

（三）由地方单独行使的事权

中国实行的是单一制政体。但是在新中国的政治实践中，一直有下放权力的传统，以调动地方的积极性。对于所下放的事权，中央有权予以收回，但是一般情况

---

① 参见《国家安全法》第三章 "维护国家安全的职责"，总共 9 条内容，仅有第 40 条是列出地方人大、地方政府和特别行政区在维护国家安全方面的职责。

下在地方行使时并不进行干预。实际上在不同的历史阶段，基于中央所设定的目标，所下放的事权范围和类型也会有所变化。此处的分析，也是指现阶段下放给地方单独行使的事权。

1. **获得专门立法授权的地方事权**。在单一制下，地方基于中央专门授权获得事权是比较常见的例子。这样也能确保地方事权的法治化和稳定化。在中国，这方面的典型代表是与民族自治区域、特别行政区，以及自贸实验区相关的地方性事务。这些事务都有一定的共同点。一方面，这些地方事权都获得了明确的法律授权，即中央为之制定专门的法律，比如说《民族区域自治法》《香港特别行政区基本法》等。对于自贸实验区，也是由全国人大常委会授权国务院对相关法律规定进行暂时调整。另一方面，这些地方事权的具体实现，也都需要相关的地方性法规来对接。比如说，对于民族区域自治事务，需要制定相关的自治条例和单行条例。对于特别行政区，则需要依据《基本法》的相关条款要求，通过本地立法来履行其事权。同样，自贸实验区也是要制定相关的地方条例。总的来说，这类地方事权的法律地位相对清晰，授权也更加充分，但是所适用的区域和范围仍比较受限。

2. **区域性公共服务类事权**。新中国的公共服务是依托于单位制来建立的。在改革开放之前，单位福利也是养老、医疗、住房等公共服务的主体。改革开放以来，特别是 20 世纪 90 年代以来，伴随着国有企业和单位制改革，相关福利体系也进行了社会化改革。当时，由于中央财力和治理能力方面的局限性，这些公共服务项目都是由地方作为承担的主体，并由此形成公共服务体系的区域化特征。此外，伴随着社会主义市场经济体系的逐步建立，一些新的公共服务类需求也逐渐形成，比如说城市建设、城市管理、社区服务等。这些公共服务类事权具有很强的因地制宜的特点，因此适合以地方甚至基层作为其具体实施的范围，从而成为愈发重要的地方性事务。而且，在十八届四中全会中，也明确规定"区域性公共服务作为地方事权"[1]。对于以上这些区域性公共服务事务，虽然没有非常针对性的立法授权。但是对于其地方性事权的定位，则长期存在于地方公共行政和

---

[1] 《中共中央关于全面深化改革若干重大问题的决定》第三部分第 9 点。

政策的实践中，或者存在于一些非专门性的法律条款中。①举例来说，区域性公共服务的一个典型代表是城市管理事务。该项事权的基本特点是高度贴近基层实际，在方式方法上特别强调因地制宜。因此，中央一般允许地方单独行使该项事权。对于城市管理，尤其是相关的综合执法事务，国务院于 2002 年授权省级政府开展相对集中行政处罚权的工作，也明确要求有关中央和省级业务部门切实支持该项工作，"不得以任何借口进行干预、阻挠"②。在这一明确授权下，与城市管理相关的各项行政处罚事务，包括市容卫生、拆除违建、市政管理等，均由地方政府单独行使。在全国层面，则既没有一部专门性法规，也没有指定一个行业主管部门。相反，各地的城市管理工作主要是依托地方性法规，地方也都保留其自主权，其具体的治理方式也并不趋同。

---

① 比如，在新修的《立法法》中，对于设区的市，就明确列出可以在"城乡建设与管理、环境保护、历史文化保护"等方面制定地方性法规。但是，地方单独行使的事权是否会完整地扩展到以上领域，则是要根据实践来进一步观察和确认的。

② 参见《国务院关于进一步推进相对集中行政处罚权工作的决定》（国发〔2002〕17 号）。

（四）由央地双方共同行使的事权

实际上，在现有的事权中，由中央或地方单独一方行使的比例较低。对于大部分事权而言，比如说产业发展、市场监管、环境保护等，都需要央地双方共同行使。因此对于这类事权来说，就必然形成一定的职能分工。与此同时，基于事权自身特征以及事权运行的适当流程，具体的分工方式又不同。根据本研究的发现，这种分工方式主要有两种。一种可以称之为"并联"式，即对同一类事权进行分级区别，然后由中央和地方各自管理。对于不同层级的事权，央地各级的事权运行有自身的流程，彼此之间为并行关系。另一种可以称之为"串联"式，即在事权的运行流程中，中央和地方在同一过程的不同阶段行使其事权，并发挥不同的作用。

1. 并联式：分级管理的事权

分级管理，是指对同一类事权，先依据特定标准将其分成不同的级别，然后由中央和地方的业务主管部门分别行使。至于标准，则根据相关事务的具体特征，可以是定性的分类，比如初级和高级、普通和重大等；也可以是定量的，比如说基于金额、产量等。

（1）**公共事业的分级监管**。典型的例子是教育和卫生事权，比如说对公立学校和医院的管理。在教育方面，义务教育和高中为县市管，大学则分为省、部两级。在医院方面，同样也存在部属、省属、市属的分级管理。这种分级管理体制，可以追溯到之前的单位制与国有企业管理方式。实际上，这种分级管理模式仍然被应用于一些具有战略地位的行业，比如说交通、能源、电信、金融等领域。在这些具有准公共性质的领域，其重点行业、重点企业的监管职责也是由中央相关部门直接行使的。

（2）**事项的分级审批**。审批是非常重要的政府事权之一，所涉及的领域也很广，包括计划投资、工商、安监、环境、人事资质等。在分级审批方面，主要是依据相关领域内的一些标准来分级。比较典型的例子包括，发改委在固定资产投资项目的审批方面，按照与项目相关的产量、储量、吞吐量、金额等确定事权分级。又比如，环保部在环评审批方面，也是按照装机容量、产量等来确定分级。

（3）**跨区域的事项**。在分级管理中，一个特别的例子是跨省级区域的事权。现有的状况是，凡是涉及跨省级区域的内容，无论是建设项目还是自然资源，其管理事权都属于中央。这也构成一条通行规则，在各部委的权力清单或目录中也都有所体现。

2. 串联式：过程分工的事权

在过程分工中，是指围绕同一事权的某项政策，中央和地方在政策运行的不同阶段介入。在当前的央地关系中，这种事权分工是最为常见的，也体现在几乎所有的政策领域中。在实践中，针对不同领域的事权，决策和执行的具体方式仍可以有较大差异。也就是说，中央和地方可以选择不同的政策工具，各自发挥不同的功能。由此，也就形成不同的事权分工方式。

（1）刚性约束下的事权分工。 在中国自上而下的政策过程中，这是最为常见的模式。中央的主要政策工具是行政权威，从而使地方服从并执行其决策。具体来说，在这一事权分工中，中央主要发挥两种功能。第一，决策。在决策中，所运用的方式包括起草法规，拟定政策规划，制定规章、标准和技术规范。此外，还有直接制定政策措施，包括发布许可、作出审批等。在这些权威政令之后，地方才能行使其政策执行的职能。一般来说，这些工具和方式在各个部委的三定方案中都有所体现。

正是有了这些法定职权，各部委才能够向地方发文件、下任务、提要求。第二，监督。与决策相配套的，则是中央对地方的监督功能。监督的作用是确保地方的执行效果以及中央决策的落实。具体的监督方式有很多，比如常规的工作考核、工作检查，还有对重点领域、重点信息的调查和监测。比如说，农业部针对蔬菜、生猪等农畜产品，环保部针对大气、水质等环境指标，都建有国家级的监测网点。总的来说，在以行政权威为基础的强约束工具条件下，**在中央和地方之间，形成"决策—执行—监督"的事权运行流程，以及相应的事权分工模式。**

（2）**弹性约束下的事权分工**。在中国的条块关系格局下，省级以下的部门大都实行双重领导体制，其人财物等方面受属地政府的实际影响更大。因此在涉及某些事务，尤其是在法定的工作事项之外，中央部门会借助资金、补助和奖励等方式，以激励和引导地方的工作重心。在这种情况下，中央的主要政策工具是资源激励，所形成的也是一种对地方的弹性约束。具体来说，最为常见的激励机制包括如下。第一，补助和奖励。即中央部门在下达任务时，提供一定的补助资金。完成相关任务的地方，则能够获得这一资金支持。还有一种做法是"以奖代补"，即按照完成任务的绩效，对排名前列的地方发放奖励资金。在资金激励中，最为常见的是专项转移支付。由于其种类和数额都很庞大，也形成其一定的特殊性。据统计，2014 年中央专项转移支付涉及项目大约 150 个，总金额为 1.95 万亿元，占中央对地方转移支付的 41.8%。几乎所有的中央部门都有其专项转移支付资金，但重点是在支农、教育、医疗和社会保障领域。第二，示范和评比。通常的做法是，围绕某一政策，中央部门在地方层面培育政策实验，树立示范区，以探索典型做法。然后，再组织其他地方进行学习和交流，推广其成功的经验。在这一过程中，中央部门给地方提供的激励机制是规则和信息，比如说部门绩效、地方政府的政绩等。更进一步地，中央部门还可以通过评比来强化引导效果，比如说通过教育评估来促进地方加大教育投入，调动地方政府、社会的积极性。总的来说，在弹性约束工具条件下，**在中央和地方之间，形成"决策—执行—激励"的事权运行流程，以及相应的事权分工模式**。

（五）特例：条块格局下的中央垂直管理系统

在双方共同行使的事权中，还有一类比较特殊的是中央垂直管理系统。根据定义，中央部门通过在地方设立派出机构或分支机构实施直接管理，包括统筹管理其人、财、物、事。目前，实行中央垂直管理的包括海关、国税、质检等十几个系统。此外，中央垂直管理还涉及某些系统内部的特定事权，比如说国土部门的土地督察局，环保部门的区域执法监督机构，工信部门的通信管理局等。

一般而言，中央垂直管理系统的事权应该归中央单独行使，这也是设立此类系统的初衷。但在目前条块格局的实践中，这些垂直管理部门的地方分支机构，仍然不可避免地受到属地政府的影响。因此，其事权的行使，实际上也是要与地方共同完成。举例来说，地方国税部门在完成自身工作时，可能需要配合实现地方的年度税收目标。又比如说，环保部的区域督察中心在进行环保监督和约谈时，也会需要省级环保厅的协助和配合。究其原因，一方面，目前的中央垂直管理系统在人财物以及职权等方面的配置还相对有限，因此在工作过程中客观上需要依赖地方政府的协助。比如说，一些分支机构在工资、待遇、用地等方面依赖所在地政府。另一方面，分支机构还需要更为充分的工作保障机制。一些个案证明，属地政府可能采取一定干预方式，甚至是强制性干预方式，影响分支机构的独立运行。因此总的来说，在目前的条块格局之下，中央垂直管理系统的分支机构还不能完全实现对事权的单独行使。但是，其与地方机构、地方政府之间的合作关系仍然缺乏明晰的界定，是一种较为特殊的情况。

四　地方事权的内部结构：浙江省个案

本部分简要分析当前地方政府内部的事权现状。这部分的内容是补充性和探讨性的，其目的是在地方运行层面更深入地解释事权内部结构。我们依据现有政府职能的分类，按照经济调节、市场监管、社会管理与公共服务四个方面来加以分析。在每个分类中，选取一个对应的职能部门为具体的分析对象。在中央层面，事权分析的主要依据是该部委的主要职责，以及该部委所公布的《行政审批事项目录》。在地方层面，则选取浙江省为例，主要依据其公布的"行政权力清单"来分析省、市、县三级的事权。

（一）经济调节职能：以农业部门为例

部、省级事权分析：在农业部的事权方面，从功能角度，主要包括制定政策规划、提出政策建议与立法草案，以及监督法律与政策的实施。在内容方面，则涉及农业产业、农业经济体制、农业市场、资源区划、农业科技、动植物防疫检疫等。此外，根据其发布的《行政审批事项目录》，公开了行政许可权 22 类总计 78 项，以及非行政许可 6 项。在省一级，事权总数为 194 项。其中，行政许可 29 项、行政处罚 111 项、行政强制 17 项，分别占总数的 14.9%、57.2% 以及 8.8%。其余七类包括行政征收、行政给付、行政裁决、行政确认、行政奖励以及其他行政权力，合计 37 项，占 19.1%。

市、县级事权分析：在 11 个地级市中，除个别市外，每个市的事权结构都非常接近。[①] 因此，我们对 11

----

① 这种结构关系包括两个维度，其一是横向的，即市级各类事权之间的比例；其二是纵向的，即某项事权在市、县两级之间的比例。对于个别市的不同，可能是源于基层行政改革的试点或探索。

个地级市的各类事权数取平均值，以此来描绘单个市的市、县级事权的基本轮廓。按平均值计，单个市的各类事权数为 294（单位：项/市，下同），是省级事权的 1.52 倍。具体到各类别的值，行政许可为 28，行政处罚为 201，行政强制为 24，与事权数的比率分别为 9.5%、68.3% 以及 8.2%。其余七类事权的平均值为 28，比率为 13.9%。进一步分析，对于市一级的"行政许可"类事权，其中本级保留（即归市级行使）为 23，占 80.8%；属地管理的（即归县级行使）为 5，占 19.2%。①对于市一级的"行政处罚"类事权，其中本地保留数为 63，占 31.5%；属地管理的为 133，占 66.1%。另外，共性权力为 5，占 2.3%。

总结上述分析及相关数据，可得出以下几点结论：第一，中央事权主要集中于政策规划与监督实施。第二，按平均值计，市级事权远多于省级，是后者的 1.52 倍。第三，省、市两级的事权中，行政处罚的比重都相当大，

---

① 根据浙江省公布的行政权力清单，"市级保留"是指市级部门直接行使的行政权力。"属地管理"是指依法列入市级部门行政权力，但原则上以县级主管部门属地管理为主、一般不再直接行使的行政权力。"共有权力"则是程序性的，各部门均拥有的行政权力。参见浙江政务服务网，市级权力清单，http://hz.zjzwfw.gov.cn/col/col54901/index.html。

分别为 57.2% 和 68.3%。而行政许可、行政处罚、行政强制三类事权加总，其比重都超过了八成。第四，在市一级，超过八成的"行政许可"保留在市本级，而将超过六成的"行政处罚"下放给了县级。对此可能的解释是：在职权行使上，市本级保留了更容易遵循规范的，也较易行使的许可权；而将更需要因地制宜也较难行使的处罚权下放给县级。这一点，也基本符合社会对"事权下移"的认知。[①]

(二) 市场监管职能：以环保部门为例

部、省级事权分析：部委层面，从功能角度，也主要是政策的规划和监督实施。除此之外，由于环保问题的专业性，其职责还包括环保标准、基准与技术规范的制定。由于环境破坏的危害性与跨区域性，调查处理环境污染事故，特别是跨区域的环境污染纠纷，也是环保部的重要职责之一。在内容方面，则涉及环境保护、减排、环保投资、环境评价、生态保护、核安全、环境监测等。根据其发布的《行政审批事项目录》，公开了行

---

① 此外在农村与农业领域，执法队伍更集中于县一级，这一点也可能解释许可权与执法权的差异。

政许可权 29 项。在省一级，事权总数为 131 项。其中，行政许可 9 项，行政处罚 75 项，行政强制 7 项，分别占总数的 6.9%、57.3% 以及 5.3%。其余行政征收等七类行政权力，合计 40 项，占 30.5%。

市、县级事权分析：同样对 11 个地级市取平均值，单个市的各类事权数为 144，是省级事权的 1.09 倍。具体到各类别的值，行政许可为 12，行政处罚为 84，行政强制为 7，与事权数的比率分别为 8.4%、58.6% 以及 5%。其余七类事权的平均值为 40，比率为 28%。进一步分析，对于市一级的"行政许可"，其中本级保留为 9，占 75%；属地管理的为 3，占 25%。对于"行政处罚"，则本级保留数为 55，占 65.5%；属地管理的为 23，占 27.4%；共性权力为 6，占 7.1%。

基于上述分析的结论：第一，中央事权除政策规划与监督外，还有更为技术化以及操作层面的事项。后者尤其反映在环保执法与减排控制方面。第二，省、市级的事权数相差不大，后者为前者的 1.09 倍。这表明在监管领域事权责任是更为上收的。第三，在市一级，行政许可与行政处罚的本级保留比例都很高。这也表明，监管领域的事权责任一般不下放给县级。

（三）社会管理职能：以公安部门为例

部、省级事权分析：部委层面，从功能角度，主要包括政策拟定与监督，指导和监督地方公安机关的工作，以及"统一领导"全国的公安部队建设。此外，也涉及对重大案件的直接处置。在内容方面，则包括社会治安、口岸边防、消防、交通安全等。根据其发布的《行政审批事项目录》，公开了行政许可权 33 项，非行政许可 1 项。在省一级，事权总数为 50 项。其中，行政许可 20 项，行政处罚 4 项，行政强制 3 项，分别占总数的 40%、8% 以及 6%。此外，行政确认 10 项，占 20%，其余行政征收等六类行政权力，合计 12 项，占 24%。

市、县级事权分析：同样对 11 个地级市取平均值，单个市的各类事权数为 268，是省级事权的 5.4 倍。具体到各类别的值，行政许可为 33，行政处罚为 156，行政强制为 28，与事权数的比率分别为 12.3%、58.4% 以及 10.4%。其余七类事权的平均值为 50，比率为 18.9%。进一步分析，对于市一级的"行政许可"，其中本级保留为 31，占 95.6%；属地管理的为 2，占 4.4%。对于"行政处罚"，则本级保留数为 71，占 45.6%；属地管理的为 79，占 50.6%；共性权力为 6，占 4.1%。

基于上述分析的结论：第一，中央事权除政策规划与监督外，还包括对重大案件的直接处置，以及对全国部队建设的统一领导。这表明公安部门系统内的垂直管理权限较大。第二，在省一级，行政许可与行政确认所占的比重较大。第三，在市一级，事权数量是省一级的 5.4 倍。这表明，事权大量集中于市一级，而且行政处罚占很大比重。更进一步地，在行政处罚权中，又有超过一半下放给县一级实行属地管理。

（四）公共服务职能：以教育部门为例

部、省级事权分析：在部一级，功能方面主要包括政策拟定与监督，以及"指导"全国的教育工作。在内容方面，则包括教学改革、义务教育、高中教育、幼儿教育、职业教育、教育督导等。此外，在高等教育方面，则承担直属高校的体制改革工作，负责"211 工程"与"985 工程"的实施。根据其发布的《行政审批事项目录》，公开了行政许可权 11 项，非行政许可 13 项。在省一级，事权总数为 55 项。其中，行政许可 7 项，行政处罚 21 项，行政强制 3 项，分别占总数的 12.7%、38.2%

以及 5.5%。其余行政征收等七类行政权力合计 24 项，占 43.6%。

市、县级事权分析：同样对 11 个地级市取平均值，单个市的各类事权数为 48，是省级事权的 0.87 倍。具体到各类别的值，行政许可为 3，行政处罚为 19，行政强制为 3，与事权数的比率分别为 6.6%、40% 以及 5.5%。其余七类事权的平均值为 23，比率为 47.9%。进一步分析，对于市一级的"行政处罚"，本级保留数为 9，占 49.3%；属地管理的为 3，占 18.2%；共性权力为 6，占 32.5%。

基于上述分析的结论：第一，中央事权除政策规划与监督外，重点是管理部属高校。尤其是"211 工程"和"985 工程"，由教育部直接实施。此外，教育部对全国教育主要起"指导"作用，表明教育领域的地方权限较大。第二，省级事权多于市级，表明在地方各级政府中，教育事权的承担是相对均衡的。第三，在市一级，行政处罚的比重最大，而其中一半下放给县一级。这进一步表明，教育事权在地方各级政府间均衡分担。

（五）小结：事权现状

基于上文的分析论述，当前事权的总体状况是：1. 事权在地方的比重较大，尤其集中于市一级。其中，还有相当比例的市级事权被下放到县一级行使。这表明，事权集中于地方与基层，而缺乏更高的统筹层级。2. 在事权结构中，行政许可、行政处罚和行政强制的比重较大。这一点对于各级政府都适用。这表明，政府在事权行使方面，其政策思路与政策工具比较单一，过于依赖强制，而不善于激励和引导。3. 从部门例证的分析来看，不同的职能部门也呈现不同特点。首先，在经济调节部门，市一级往往保留行政许可，而将行政处罚下放给县级。其次，在市场监管部门，部委和省的事权比重要更大一些。而市一级也较少下放给县级。再次，在社会管理部门，事权在市一级的集中度最高，并且行政处罚的比例最大。与此同时，行政处罚权下放到县级的比例也超过一半。最后，在公共服务部门，各级事权的分担更为均衡。中央、省、市、县的分级管理特征也更为明显。

五　中央、地方事权的问题分析和改革建议

在理论、历史和现状分析的基础上，我们试图就中央、地方事权关系接下来的改革提出一些建议。总的来说，这一改革应该围绕党中央已经确定的总体目标和布局来进行，同时也有必要立足于目前正在推进中的一些具体改革措施。也就是说，接下来的改革应该同步兼顾其前瞻性、必要性以及现实操作性来完成。

（一）现状问题的描述和分析

根据上文的分析，当前央地事权关系的总体格局是好的，也正在向规范化、法律化的方向发展。但是，由于中国所处的客观发展阶段，以及政府自身治理能力的局限性，央地事权关系也始终存在许多为人诟病的问题。

1. 问题的表现形式

许多问题的表现形式其实已经长久存在，有些甚至为社会公众所熟知。其中比较典型的包括如下几种。

（1）"上有政策，下有对策"。这主要是就地方的政策执行效果而言。尤其是在共有事权中，事权流程的本

来分工是中央制定政策，地方执行政策。在这一模式之下，对地方的基本要求是落实中央政策，在地方层面实现政策效果。但是在事权的实践中，地方往往能够有选择性地执行政策。通常根据本地区、本部门的特殊利益取向，去决定政策执行的强度。比如说，在社会保障、义务教育、社会住房等公共服务领域，对于中央所设定的服务标准和要求，地方可能会在制定实施细则和执行措施时，采取各种方式的回避、绕开、变通等。相应地，在流程分工中，中央的职能本来在于监督或者激励。但在实践中，这一职能的有效实现无法确保，或者只能依靠间歇性的集中化、运动式的监督。在这种情况下，"上有政策、下有对策"就成为执行的常态，中央的目标也就大打折扣。

（2）"九龙治水"。这主要是指不同地方、部门之间的职能边界不清，造成同一事权存在多个管理部门。这方面比较典型的例子是在环境保护、食品药品、安全生产等监管领域。比如说，在海洋环境保护方面，所涉及的主管部门达到5个。① 在食品安全领域，涉及的部门更

① 参见《海洋环境保护法》第五条，这五个部门分别是环境、海洋、交通、渔业以及军事。

是达到 13 个。①此外，区域之间的交叉也是很常见的，比如说江河的流域治理、大气环境治理等问题。由此造成的结果就是不同部门之间互相争夺利益，同时也互相推卸责任。从表面上看，这是存在于地方和部门之间的问题。但实际上，正如上文所列举的，横向权力关系的确定本来是中央所独有的事权。因此，"九龙治水"的问题其实出在中央事权不能有效运行，特别是无法协调地方和部门的利益关系，因此不能建立平衡、高效、稳定的分工架构。

（3）"跑部钱进"。这主要是指在过程分工的事权关系中，地方为了完成中央下达的特定事权，需要采取各种方式向中央部委争取资金支持。常规的资金争取本来是合理的。但是，这一问题的一经过度化和扭曲化，便让许多地方不堪重负，甚至蕴藏着腐败风险。"跑部钱进"问题的产生背景是两点。其一是在中央专项转移支付条件下，各职能部委都掌握了大量的财政资金，而且拥有很大的分配权，其自由裁量的成分也极大。其二是

_____

① 其中，最重要的环节包括农业部门负责初级产品生产，质检部门负责生产加工和进出口，商务部门负责流通，食药部门负责消费环节等。参见《涉及食品安全管理的政府部门共计 13 个　各个环节谁在管》，《人民日报》2011 年 5 月 5 日。

在各条系统内，中央部门都有向地方下派事权的权力，其过程也比较缺乏规范性。这样，对于地方而言，就很容易形成财权在上、事权在下的被动局面。而"跑部钱进"恰恰是为了消除这一局面的无奈之举。

（4）"政令不出中南海"。这也是指中央政策无法有效落实的一种情况。但其关键在于，形成政令阻碍的不是在地方和基层，而是在部委层面。这也是所谓政令不出"中南海"，而不是不出"北京城"的原因所在。特别是在大政方针和改革措施上，许多中央政令的落实都离不开部委的配合，甚至是涉及部委职权本身的改革。这方面的例子涉及职能转变、简政放权、依法行政、公众参与等多个方面，也都是全面深化改革的重点和难点领域。因此，要理解这一问题的症结，也必须超越传统的央地二分视角，而要更多地看到部门利益和中央整体利益的区分。换言之，需要在中央层级的内部，再予以更为细致的区分，比如说中央决策部门和中央执行部门。前者侧重于大政方针的决策，而后者侧重于具体的业务职能。其角色和作用，作为全国性的职能政策，相对于地方是决策性的，但相对于中央却是对大政方针的实施。因此，"政令不出中南海"的问题，其实是要理顺这两个层级之间的关系。而这一新的关系是政令通行的基础，因此也是传统意义上央地关系得以理顺的前提条件。

2. 问题的内在解释

问题的表现形式多种多样，但这些问题产生的原因，却都是**指向央地事权关系本身的内在结构以及运行机制**。在结构层面，现有的事权关系仍然是部门主导的，即更多的源自不同事权领域内的实践磨合。正是因为这个原因，事权关系才更多地呈现出多元化、分散化的特征。相对而言，在事权关系的共性层面，也就缺乏一个相对清晰的总体布局。在运行层面，现有的事权运行流程也远未能实现层级之间的有效分工。实际上正如上文所分析的，由于长期的二元视角存在，甚至未能准确地区分中央层级内部的不同职能。由此导致的结果是，事权运行的整体绩效不高。在运行流程中，主体关系不清，相互职责交叉。在特定的情况下，就会导致部门、地方利益的不当泛滥，破坏全局和长期利益。

更为具体来说，对于专有事权，目前的主要问题在于仍然过度依赖传统的行政化方式，而法律化和规范化的程度太低。**对于事权设立与调整，其依据多是散落在不同的法律、政策条文中，而缺乏更为明确、具体和系**

统的法律授权。在一定的情况下，部门的自由裁量权过大，造成以权设事、以权改事的比例很高。各级部门都按照自身的利益格局，来选择性地确定自身的事权集合。其结果就是：对于中央事权，各个部门就容易彼此推诿。对于地方事权，各个地方则担心缺乏法律依据。这就造成事权主体无法落实，应当履行的职责也容易形成空缺。实际上，这也是当前中央大力推进权力和责任清单制度的基本原因，它是实现各级事权清晰界定、确保事权规范运行的前提和基础。

对于共有事权，主要问题也是在法律化和规范化方面，但更加具体地呈现为**事权运行的流程和规则不确定、不明晰**。由此，造成央地之间权、责、能各方面关系的不明确、不匹配。其结果是：一方面，中央部门对地方的监督不力，难以确保政令畅通；另一方面，中央部门又对地方任意派任务、下文件，随意更改事权运行流程。尤其是在过程分工的模式中，运行流程和规则的问题会更加突出。**需要注意的一点是，不同机制会具有不同的特征，因此所引发的问题也会不同**。比如说，在刚性机制下，中央部门的决策效力更强，会有利于确保依法行政，但是其适用范围就相对有限，不利于"因地制宜"

和发挥地方积极性。而弹性机制扩大了中央部门的事权范围，也有利于发挥地方的积极性和主动性。但同时，也要求更好地规范化，避免诱发"跑部钱进"等不利现象。实际上，不同的机制可能适用于不同的领域。对于某些部门，特别是法规依据完善，或者相对"强势"的中央垂直管理系统，可能更多借助刚性约束机制为好。相比而言，其他部门都需要更多地依赖弹性约束机制，以期更好地引导地方的动机和行为。

（二）改革的原则和目标

在事权划分方面，传统的思路是试图为央地双方各列出一个相对完整的事权清单。然而，基于之前的分析，这一思路将难以处理央地之间大量存在的共有事权。相反，我们认为**改革的原则应该是分类调整，逐步规范**。具体来说，就是立足于现有事权的分类方式，对于不同事权实施不同的改革措施，也针对性地解决不同问题。

1. **专有事权**。在改革目标方面，专有事权的边界应该逐步清晰。无论是中央还是地方，双方的专有事权范围都应该逐渐扩大。对于逐步增设的中央事权，比如国家安全、统一市场、跨区域的监管和公共服务等方面，尤其要提升事权主体的履责能力。比如说，为中央事权设立独立的执行局，并且在人、财、物方面给予充分保障。在地方事权方面，则应在法律化的前提下，进一步推进简政放权。在现有法律规范的基础上，适当扩大地方专有事权的范围。特别是在区域性公共服务、城市建设、社区治理等事项方面，应该给不同层级的地方以明确授权。在诸如公共交通、社区服务等新兴事权领域，要更加关注基层特点，确保地方实验的积极性。

2. **共有事权**。在改革目标上，对于分级管理的事权，重点是明确分级事项的依据、标准、程序等内容，以确保事权分级的规范化和透明化。目前，根据中央的统一要求，省、市级政府都在建立其权力和责任清单。因此，可以在分级清单的基础上，要求各中央部门对本系统内的分级事权加以明确，并考虑随清单一起公布。对于过程分工的事权，重点则是规范事权运行流程中的分工和职责。一方面，应强化中央部门在政策规划和监督方面的权责；另一方面，对于中央部门的具体政策，也要建立更为规范化的出台机制。比如说，对于规范性文件要逐步加强在法规、预算、规划等方面的前置审查，避免引发新的边界不清、规则模糊、事权和支出责任不匹配等情况。

（三）改革的方案和步骤

对于具体的改革方案，我们认为应根据现有的实际问题，结合正在推进的改革措施，采取有重点、分步骤推进的做法。改革的基本步骤是：**逐步厘清共有事权的运行，使之规范化，并成为设立和分解专有事权的基础。**就近期来说，可从以下几个方面加以着手。

1. 结合权力和责任清单制度的推进，在各部门建立起事权分级的规范化管理。目前，各地方根据中央部署，正在推进权力和责任清单的建设。在此基础上，可以要求各中央部门承担主体责任，在本系统内部整合、调整和规范各级事权，其具体做法可以参照清单制度的各项要求。

根据我们的调研所得，各地方的清单建设主要立足于部门的日常工作，仍然以"摸清家底"为主。这样有利于对清单建设的推进，但同时也缺乏相对统一的规范体系。因此，这一轮的清单建设应该继续加以完善。我们的建议是，按照"两上两下"的做法：首先，各省按照各地实际情况上报清单；其次，各部委分别整合、梳理其系统内的地方权力清单，并下发规范后的清单范本；再次是各地方部门根据中央部委的范本，调整其清单的具体事项，再次上报；最后，中央部委汇总地方清单，同步完成自身的清单建设，就可以公布本系统的完整清单。这样，对于每个系统内部，央地之间的分级管理事权就可以形成规范化的运行。对于分级事权的确认、优化、公布、动态调整和监督等方面，也都可以参照清单制度的相关要求来操作。

2. 围绕各部门规范性文件的出台，建立程序化的事前审查制度，即建立起以财权定事权、以规划定事权、以法治定事权的事前审查制度。事前审查的主要目的，是确保文件所涉及的相关事权的有效运行和落实。因此，审查要件应集中于三个方面。第一是法制审查，内容主要是文件与现有法律法规的关系。这一块的工作，目前也有相对成熟的机制。第二是预算审查，内容主要是文件内容与既定预算之间的关系。其重点是所涉及的预算调整，特别是财政资金的增加。凡是新增事权，都要有相应的资金来源，以确保事权和支出责任的匹配。第三是规划审查，内容主要是文件内容与既定规划之间的关系。其重点是总体规划和部门规划，应做到事权的调整不突破规划标准，不违反规划要求，确保规划的严肃性。

对于这三类事前审查，都应该有明确的责任主体。在中央层面，建议由法制办、财政部门和规划部门牵头，再考虑结合全国人大、审计、监察等部门的加入。在该项制度的具体建立上，可以考虑不同的方式。一种是整体性的，即出台顶层设计方案，落实部门职责，三个方面同步推进。比如说，在中央层面出台类似于《重大行政决策程序规定》的相关改革方案。另一种是阶段性的，即按照一定的顺序，由各个牵头部门分项推进。在具体做法上，仍然可以结合现行的制度安排。比如说，在财政审查方面，结合《预算法实施条例》的修订。

3. **中期目标**。以上两点可以作为近期内的改革目标。从中期来说，央地事权的改革目标应该立足于真正调动中央和地方的两个积极性，发挥二者各自的优势，界定二者之间的职能分工。而传统的"一管就死，一放就乱"的格局需要被真正纠正。为此我们建议，改革的视角应该放弃之前的二分法，转而采取一种新的"三层"分析框架。在权力制约和权力监督的目标下，构建事权运行的法治框架。**在这一框架下，事权运行的主体应该分为地方执行部门、业务决策部门（中央）和综合**

监督部门（中央）。换言之，中央各部委应该按照职能加以分工，在事权关系中区分为负责单独业务的部委，以及负责综合监督和协调的部委。当然，二者的地位关系并非是大和小或高和低，而仍然是事权运行中的过程分工。具体来说，后者的功能定位不是提供具体业务领域内的管理和服务，而是为所有部门提供功能性的支持，其典型代表就包括上文中提到的法制、规划、财政、审计、监察等部门。

实际上，在这一新"三层"框架下，对事权进行规范化的工作重心，由传统的中央和地方关系，转向中央内部的业务部门和综合部门之间的关系。后一对关系的理顺，实际上也成为理顺前一对关系的前提和基础。在这一新思路之下，国家治理的逻辑关系就在于：**首先确立综合部门的职能；其次规范业务部门的事权；然后在各个业务系统内部逐步梳理央地分工；最后达成央地事权的规范化运行。**

韩旭，1969 年生于北京，毕业于中国人民大学法学院，法学博士。中国社会科学院政治学所副研究员，现任政治学所政治制度研究室主任。兼任中国政治学会副秘书长，中国法学会立法学研究会理事。目前主要从事政治制度（人大制度）和法治政府问题的研究。2011 年作为课题组主要成员，全程参与了对浙江、山东、湖北等地村级组织换届选举和县乡人大代表换届选举的跟踪观察和分析研究，参与撰写了研究报告"2011 年我国基层选举中值得关注的若干问题"，并刊登在《要报》上，得到习近平同志的批示，获得了中国社会科学院优秀对策信息一等奖。

涂锋，1978 年生于江西省南昌市，2009 年毕业于中山大学政务学院，博士，现为中国社会科学院政治学研究所助理研究员。主要研究方向为政治制度、治理与公共政策。